KB164190

보수주의란
무엇인가

HOSHU-SHUGI TOWA NANI KA

by UNO Shigeki

Copyright © 2016 UNO Shigeki

All rights reserved.

Originally published in Japan by CHUOKORON-SHINSHA, INC., Tokyo.

Korean translation rights arranged with

CHUOKORON-SHINSHA, INC., Japan.

보수주의란
무엇인가

반프랑스
혁명에서
현대
일본까지

우노 시게키 지음 · 류애림 옮김

연암서가

지은이 우노 시게키 宇野重規

일본 도쿄에서 태어나 도쿄대학교 대학원 법학정치학 연구과에서 박사학위를 취득
했다. 전공은 정치사상사와 정치철학이며, 도쿄대학교 사회과학연구소 조교수를 거
쳐 현재 동연구소 교수로 재직하고 있다.

주요 저작에『민주주의를 살다-토크빌이 재발견한 정치』,『정치철학으로-현대프랑
스와의 대화』(시부사와-클로델상 LVJ특별상 수상),『토크빌-평등과 불평등의 이론가』(산
토리학예상 수상),『'나私' 시대의 민주주의』,『서양정치사상사』등이 있다.

옮긴이 류애림

고려대학교 정치외교학과를 졸업하고 도쿄대학교 대학원 법학정치학 연구과에 진학해
석사학위와 박사학위를 취득했다. 전공은 정치사상사이며, 현재는 도쿄대학교 대학원
법학정치학 연구과 부속 IBC의 특임강사로 재직하고 있다. 석사논문에서는 에드먼드
버크, 박사논문에서는 알렉시 드 토크빌 정치사상의 근대 일본에 있어서의 수용 양태를
연구했다. 주요 저작에『토크빌과 메이지사상사: '데모크라시'의 발견과 망각』이 있다.

보수주의란 무엇인가

2018년 8월 16일 초판 1쇄 발행
2022년 3월 15일 초판 2쇄 발행

지은이　우노 시게키
옮긴이　류애림
펴낸이　권오상
펴낸곳　연암서가

등록　2007년 10월 8일(제396-2007-00107호)
주소　경기도 고양시 일산서구 호수로 896, 402-1101
전화　031-907-3010
팩스　031-912-3012
이메일　yeonamseoga@naver.com
ISBN　979-11-6087-038-1 03300

값　15,000원

'보수주의란 무엇인가' 또는 '보수란 무엇인가'. 한국 사회에서 가장 뜨거운 질문 중 하나가 아닐까. 오랜 세월 우위를 차지하고 있던 '보수정당'이 탄핵과 장미대선을 거치며 분열했고 혹자는 몰락했다고도 말한다. '보수'라는 단어는 부정적 의미를 품게 되었고, 한국 사회에서 보수라 자칭하는 세력이 과연 '보수주의'의 정체성을 가지고 있는가 하는 의문은 더욱 커졌다.

누군가는 이미 해답을 얻었을 수도 있지만 누군가는 '진짜 보수', '개혁 보수', '신보수', '서민 보수주의' 등 넘쳐나는 수식어로 인해 혼란에 빠져 여전히 답을 찾고 있거나 이미 답을 찾길 포기했을지도 모르겠다. 나아가 그런 것에는 관심 없다며 정치에 무관심해진 이도 분명히 존재한다. 이념적으로 보수와 진보로 나뉘는 시대는 끝을 맺었다 말하는 이도 있을 것이다.

왜 우리는 이런 혼란과 좌절에 빠졌는가. 그 배경에는 우선 보수주의 자체의 문제가 있다. 보수주의는 진보 이념의 대항마로 탄생한 만큼 시대에 따른 진보의 내용 변화는 보수주의가 여러 모습을 갖도록 했다. 다양한 내용이 존재하는 만큼 보수주의를 하나로 정의하기 어려워졌다. 내가 생각하는 보수주의와 그들이 생각하는 보수주의가 꼭 같은 것만은 아니게 되었으며 현실 정치 속에서 보수주의자라 칭하는 이들의 주장과 내가 생각하는 보수주의의 주장들을 비교하다 보면 더욱 혼란이 가중된다.

이 책은 이와 같은 개념적 혼란이라는 미로 속에서 자기 나름의 답으로 인도하는 안내서라고 할 수 있겠다. 저자 우노 시게키는 갈피를 못 잡고 헤맬 때마다 에드먼드 버크라는 원점으로 돌아가길 권한다. 전제적 권력을 경계하며 역사 속에서 획득해 온 자유와 권리를 지키고 민주화를 전제로 하면서도 점진적 개혁을 추구하는 보수주의. 저자는 이와 같은 버크 사상을 기준으로 하면서도 시대별로 보수주의가 어떤 이념과 싸워 왔는지를 통해 '보수'의 다양한 측면을 보여준다.

이 안내서 속에는 보수주의자로 이미 귀에 익은 이들이 등장하기도 하며, 과연 이 사람을 보수주의자라고 할 수 있을까라는 의문을 품게 하는 이도 등장한다. 또 오크숏처럼 생경한 이를 다루기도 한다.

이 책은 한 가지 답을 제시하지 않고 시대와 지역을 오가며 다양한 면면들을 소개함으로써 생각을 공간을 만들어 준다. 이 책의 가장 큰 장점이라 하겠다. 저자는 계속해 버크라는 원점을 기준으로 여러 보수주의를 논하고 있긴 하지만 '그래서 결국 보수주의가 뭐란 말이야?' 하고 확답을 원하는 이들에게는 답답함을 남길지도 모르겠다. 그러나 끝까지 읽고 나면 약 200년의 보수주의 역사 속에서 몇 가지 키워드를 발견하고 결국에는 자기 자신의 답을 조합해 낼 수 있을 것이다.

'왜 하필 일본 학자의 책인가'라는 질문을 던질 수도 있다. 그 답은 이 책의 한국어판을 간행하는 이유와도 일맥상통한다. 앞서 언급한 것처럼 현실과의 괴리, 개념의 혼란이라는 미로 속에 빠진 이들에게 이 책이 알기 쉽고 이해하기 쉬운 안내서라는 점에서 저자의 국적과 상관없이 훌륭한 저작이기 때문이다.

또한 영미에 비해 비교적 짧은 보수주의의 역사를 가진 한국과 일본, 두 나라가 가진 공통의 문제의식이 존재하기 때문에 특히 '제4장 일본의 보수주의'는 한국 독자에게도 흥미로운 내용이 될 것이다.

먼저 역사적으로 보자면 두 나라 모두 전통적 정치 체제가 오랜 시간 이어졌고 그 타도가 정치적 근대화의 과제였다. 한국의 경우 일제강점기 잔재 청산도 과제였다. 타도와 청산, 이전 정치 체제와의 명확한 단절이 오히려 바람직한 것이었기에 보수주의가 뿌리내리기 어려웠다.

오늘날의 경우 두 나라에서 '보수정당'이라고 자칭하는 정당들이 과연 '보수주의'를 이념으로 삼고 있는가가 빈번하게 논의되는 것은 물론 저자가 지적하는 것처럼 '보수'라 자칭하면서도 정당명에는 '보수'를 채택하길 꺼려한다는 점도 닮아 있다. 또한 '반공'과 '경제성장' 이외의 특별한 가치관, 철학을 가지지 않는 보수정당이 위기를 맞이했다는 것도 두 나라가 가진 공통점이라 하겠다.

물론 다른 점도 존재한다. 일본은 여전히 자민당이 승승장구하며 정권을 쥐고 있는 보수 우위의 시대가 지속되고 있지만 대한민국의 경우 보수는 힘을 잃었으며 그 부활을 꿈꾸고 있다. 그렇다고 해서 일본의 자민당 우위, 보수 우위가 에너지 넘치는 생명력으로 다른 이념들을 압도하고 있는 것은 아니다. 제4장에서 저자가 지적하고 있는 '상황적 보수주의'가 임기응변적으로 이어져오고 있을 뿐이다. 제도적 사고의 희박함에서 비롯된 상황에의 무한한 적응, 이는 또한 한국 보수의 패배 원인이지 않은가.

저자는 제4장 마지막에서 일본 보수주의의 본류를 찾고자 고심하며 그 미래를 위한 조언을 한다. 보수주의가 새로운 가능성을 가지고 뿌리내리기 위해서는 과거에 대한 반성 위에 역사적 성과에 대한 경의를 표하는 과정이 반드시 필요하다. 그리고 그 과정 속에서 배우고 계승할 점을 찾아내야 한다. 일본의 경우 패전과 점령 속에서도 사회 안정과 발전에 성공했다는 점에 자부심을 느낄 수 있겠다. 단 이는 어디까지나 침략 전쟁에 대한 반성을 전제로 해야 한다. 우리의 경우 식민지 경험과 독재정권 등을 반성하고 독립과 전쟁 후의 경제 성장 그리고 민주화에 경의를 표하는 과정 속에서 한국 보수주의의 본류와 새로운 가능성 또한 발견할 수 있을 것이다.

스스로를 보수주의자로 여긴다면 적어도 이 책에 쓰인 것들을 파악해주길, 보수주의를 극복하고자 한다면 이 책에 제시된 과제에 새로운 시좌를 제시해주길 당부하며 이 책은 끝을 맺고 있다. 앞서 말한 것처럼 이 책은 안내서이며 개설서이다. 정치적 보수주의가 무엇인지 흥미를 가질 수 있다면 이미 충분할지도 모르겠다. 저자는 본문 속에서 보수주의에 관한 많은 서적들을 인용하고 있는데 호기심이 생겼다면 그 저작들을 찾아 읽어보는 것도 심도 있는 보수주의 이해를 위한 좋은 방법이 될 것이다.

한국어로 옮기며 가장 중점을 둔 부분은 개설서, 안내서라는 특징을 살리는 것으로 최대한 이해하기 쉽고 부드러운 문장을 쓰기 위해 노력했다. 용어의 경우 저자와의 상의 후 한국에서 쓰는 표현들로 고쳐 썼다. 예를 들어 British Constitution을 저자는 '영국 국제(國制)'로 번역해 사용하고 있지만 한국어판에서는 '영국 헌정(憲政)'으로 바꿔 옮겼다. 저자는 보수주의 관련 저작을 인용하며 일본에서 출간된 번역서를 기본적으로 이용했는데 그 부분들은 원서를 확인하고 저자의 의도를 해치지 않는 선에서 원문을 직접 번역해 옮겼다. 한국어판이 이미 출간된 저작의 경우 번역을 참고하기도 했다.

끝으로 이 책의 번역이 가능할 수 있게 도움을 주신 분들께 감사의 인사를 전한다. 번역해보지 않겠냐며 권유해 주신 고려대학교의 박홍규 교수님, 아직 여러 면에서 부족한 역자에게 선뜻 자신의 책 번역을 맡겨 주신 도쿄 대학의 우노 시게키 교수님, 두 분의 믿음이 있었기에 이 작업이 이루어질 수 있었다. 존경하는 선생님의 책에 누가 되지 않았길 바랄 뿐이다. 또한 많은 유학 동료들이 글을 읽고 수정하는 데 참여해 줬으며 조언을 아끼지 않았다. 이 책을 완성하는 데 누구보다 친구들의 도움이 컸다. 진심으로 감사의 마음을 전한다. 그리고 한국어판이 출간될 수 있도록 힘써 주시고 많은 시간 기다려 주신 연암서가와 권오상 대표님께 깊이 감사드린다.

2018년 늦봄 도쿄에서
류애림

『보수주의란 무엇인가』는 원래 일본 독자를 대상으로 쓴 보수주의에 관한 개설서입니다. 연구자뿐만 아니라 정치나 사상에 관심을 가지고 있는 일반 독자를 염두에 두고 집필한 이 책은 감사하게도 많은 독자에게 읽히게 되었고 큰 반향을 불러일으켰습니다. 이번에 한국어판을 간행하며 독자들께 전하고 싶은 말이 있습니다.

먼저 저자의 정치적 입장입니다. 일본어판 후기에서도 썼듯이 저 자신은 정치적 보수주의자가 아닙니다. 지금까지 종종 '보수적'이라고 여겨져 온 사상가, 예를 들어 프랑스 귀족 출신으로 『미국의 민주주의』를 쓴 알렉시 드 토크빌 등을 연구해 온 것은 사실이지만 저 자신의 정치적 신조로서 보수주의자라고 자칭한 적은 한 번도 없습니다.

그렇다면 왜 저는 보수주의에 관한 책을 썼을까요. 한 가지 이유는 현대 일본에서 흔히 '보수'라고 자인하는 정치가나 언론인이 존재함에도 불구하고 그들이 진정 보수주의자인가 하는 의문을 가지고 있었기 때문입니다.

정치적 보수주의는 본디 현행 정치체제의 정통성을 인정함에 따라 급진적 개혁이나 혁명을 부정하고 오히려 점진적 개혁을 주장하는 것입니다. 추상적 이념보다 역사적으로 형성된 습관이나 전통을 중시하는 입장이라고도 말할 수 있겠지요.

그런데 현대 일본에서는 자신을 보수주의자라고 자인하는 아베 신조 총리가 '전후 레짐의 극복'을 주장하고 헌법 개정을 자신의 정치적 최우선 과제로 삼고 있습니다. 그 주장의 옳고 그름을 떠나 현행 정치체제의 정통성에 의문을 표명하고 헌법의 본질적인 부분의 개정을 주장하는 정치가를 원래대로라면 '보수주의자'라고 부를 수 없을 것입니다.

현대 일본의 '자칭 보수주의자' 중 많은 이들이 '보수주의의 아버지'라 불리는 영국의 정치가이자 사상가인 에드먼드 버크의 이름을 내걸고 있는 만큼 의심은 더욱 깊어집니다. 왜냐하면 버크는 실로 프랑스 혁명에 반대하고 영국 정치체제의 존속을 주장한 인물이기 때문입니다. 이러한 보수주의라는 용어를 둘러싼 혼란을 극복하고 본래의 보수주의란 무엇인가를 생각하기 위해서 이 책을 썼습니다.

또 한 가지 한국의 독자들께 전하고 싶은 것은 일본의 보수주의에 관한 서술입니다. 보수주의가 정치체제의 계속을 주장하는 입장이라면 메이지 유신과 패전이라는 두 개의 커다란 정치적 단절을 경험한 일본에게 보수주의는 좀처럼 성립하기 어려운 것이라 생각합니다. 메이지 시대의 일본에는 급진적인 서구화에 반발한 내셔널리스트는 존재했습니다. 하지만 메이지 헌법 체제를 전제로 그 점진적 개혁을 주장하는 입장을 가졌던 이들을 떠올리기란 쉽지 않습니다.

이 책이 독자성을 가지고 있다면 이러한 근대 일본의 보수주의 출발점으로 이토 히로부미를 제시하고 있다는 점일지도 모르겠습니다. 이 주장을 많은 한국의 독자들께서 의외라고 생각하실 수도 있습니다. 이토 히로부미는 번벌 정치가로 현실주의적 권력정치가 또는 대외적으로 침략주의자라는 평가가 있을지언정 보수주의자라는 이미지는 희박하지 않았는지요.

이 책에서는 이토 히로부미를 당시 일본 상황을 고려했을 때 나름대로 지적인 정치가였으며 자신이 수립한 메이지 헌법 체제를 정당 정치로 이행하고자 한, 점진적 개혁을 꾀한 정치가로서 그리고 있습니다. 이 점은 그가 번벌 정치가이자 대외적 침략주의자였다는 사실과 모순되지 않습니다. 이와 같은 의미에서 이토 히로부미는 근대 일본의 몇 안 되는 본질적인 보수주의자라고 평가하고 있습니다. 이 평가의 옳고 그름은 독자 여러분의 판단에 맡기겠습니다.

마지막으로 일본 독자를 대상으로 쓴 이 책을 한국의 독자 여러분께 소개할 수 있어 기쁘게 또 영광스럽게 생각합니다. 한국어판 발간을 통해 일본과 한국 사이에 정치에 관한 학술적 논의가 더욱 활발해지길 바랍니다. 이 책의 한국어판 간행에 있어 고려대학교 정치외교학과의 박홍규 교수님께서 힘써 주셨습니다. 또 번역은 도쿄 대학 대학원 법학 정치학 연구과 박사과정 중에 제 수업에 참여했던 류애림 씨가 맡아 주었습니다. 박홍규 교수님과 류애림 씨에게 감사의 마음을 전합니다.

2018년 4월 1일
우노 시게키

애매모호한 '보수주의'

보수주의란 무엇일까. 21세기 오늘날 보수주의를 논하는 것은 어떤 의미가 있을까?

일상적으로 '보수'나 '보수주의'라는 말을 보고 듣는 일은 적지 않다. 정치적 입장을 논할 때 여전히 '보수'와 '리버럴'(혹은 '보수'와 '혁신')이라는 대립축이 등장하며 정치가뿐만 아니라 스스로를 '보수'라 칭하는 사람도 많다.

그러나 정작 '보수'란 무엇인가를 생각해보면 사실 그 개념은 상당히 모호하다. 남녀평등이나 젠더프리(성역할을 둘러싼 고정관념으로부터 자유를 추구하는 것) 사상에 비판적인 사람들을 말하는 경우가 있는가 하면 자국을 사랑하고, 외국인을 경계하는 태도를 일컫는 경우도 있다. 때로는 미국에서처럼 '작은 정부'를 지향하는 입장을 '보수'라 부르는 경우조차 있다. 결국 '보수'라 자칭하는 것은 '나는 리버럴(혹은 좌익)**이 아니다**'라는 소극적 의미만을 가지는 것일지도 모르겠다.

과연 '보수' 혹은 '보수주의'에 대한 공통의 이해나 정의가 존재할까? 혹은 그저 제각각 제멋대로 그 말들을 사용하고 있는 것뿐일까?

명확한 정의도 없이 사람마다 다른 뜻으로 쓰고 있음에도 불구하고 저도 모르게 입에 올리고 마는 말, 그런 말들을 종종 '버즈워드(buzzword)'나 '플라스틱 워드(plastic word)'라 한다. 이런 단어는 애매함 때문에 오히려 뭔가 의미 있는 듯한 울림을 가지고 만다. '보수주의' 역시 현대 사회의 '버즈워드'나 '플라스틱 워드'의 일종은 아닐까.

제2차 세계대전 중 영국을 지도했던 윈스턴 처칠 총리는 다음과 같이 말했다고 한다. "20세에 리버럴이 아니라면 열정이 부족하다. 40세에도 당신이 보수주의자가 아니라면 생각이 부족하다(If you are not a liberal at twenty, you have no heart. If you are not a conservative at forty, you have no brain.)."

젊었을 때 자유나 평등의 이념에 감동받아 이상주의자가 된 적이 단 한 번도 없었다면 그것은 감정의 결여이다. 반면 어느 정도 나이를 먹고서도 추상적인 이상만을 추구할 뿐 현실을 이해하려 하지 않는다면 이성의 결여라 할 수밖에 없다는 뜻이다.

사실 이 말에는 여러 버전이 있으며 많은 사람들이 비슷한 어록을 남겼다. '리버럴' 대신 '사회주의자'가 그 자리를 차지하기도 하고, 연령 역시 사람마다 미묘하게 다르다.

어찌되었든 한때 '보수주의'라 하면 다양한 인생경험을 쌓고 나이도 어느 정도 든 인간의 분별 있는 사상이라는 뉘앙스가 있었다. 반대로 젊은이라면 '리버럴'이거나 '사회주의자'인 것이 당연하다는 함의도 존재했을 것이다. 그러나 지금은 이런 '사상의 연령 모델'은 붕괴해 버린 것 같다. 이 사실이 '보수주의'를 둘러싼 모호함에 박차를 가하고 있다고 생각한다.

'진보' 이념의 후퇴

'진보'라는 이념의 후퇴 자체가 큰 영향을 미치고 있는지도 모르겠다.

한때는 분명히 인류가 '진보'를 믿었던 시대가 있었다. 어제보다는 오늘, 오늘보다는 내일, 사회는 더 나은 곳이 되고 있다는 믿음. 물론 언제나 전진하기만 하는 것은 아니다. 때론 멈춰서거나 후퇴하는 경우도 있을 것이다. 설령 그렇다 하더라도 개인이나 사회, 그리고 인류 전체는 앞을 향해 퇴보하는 일 없이 나아가고 있다. 그것은 감히 말하자면 기술이나 과학의 전진이기도 하고 경제나 생활조건의 개선이기도 하며 나아가 자유와 민주주의 발전이기도 하다.

이러한 신념을 많은 사람들이 공유하던 시대에 유력했던 것이 진보주의 사상이었다. 사회가 '진보'를 향해 나아가는 것은 좋은 일이며 미래에는 어떠한 이상의 실현이 기다리고 있다. 때로 그 이상은 추상적 이념으로 이해되었고, 그런 이념에 기반을 둔 현실 세계의 변혁은 긍정적으로 이야기되었다.

물론 이러한 '진보'에 의문을 가진 사람이 없었던 것은 아니다. 후술하겠지만 진보주의에는 그 태생부터 비판적인 입장, 즉 보수주의라는 라이벌이 존재했다.

가령 인간 사회가 정말로 '진보'하고 있다 하더라도 그저 '진보'의 속도를 높이기만 하면 된다는 것은 아니다. 급속한 '진보', 나아가서는 '혁명'에 의해 잃게 되는 것도 존재한다. 아니, 오히려 잃는 것이 더 클지도 모르겠다. 사회는 과거로부터의 연속선상에서 조금씩 나아가야만 한다. 보수주의 사상은 낙천적 진보주의를 비판하기 위해 태어나 발전해나갔다.

근대는 이러한 진보주의와 보수주의의 대립관계를 축으로 전개된 시대라고도 할 수 있다. 그리고 이 경우 중요한 점은 그 대립관계에서 주도권을 쥐어온 것은 언제나 진보주의 쪽이었다는 것이다. 진보주의가 존재하기 때문에 보수주의 역시 의미를 갖는 것이지 그 반대는 아니다. 진보주의가 강력하면 강력할수록 그것을 비판하는 보수주의도 존재 의의를 가졌던 것이다.

그러나 오늘날 '진보' 이념은 급속하게 사라져가고 있다. 경제나 생활조건의 개선을 목격하기란 어려워졌으며, 자연환경을 비롯해 잃은 것이 적지 않다. 원자력이나 유전자 조작 등의 경우에서 보듯 기술과 과학의 발전이 무조건 찬양받지도 않는다. 무엇보다 단선적인 역사발전모델은 이제 많은 사람들에게 받아들이기 어려운 것이 되었다. 인류가 '자유'와 '민주주의'를 향해 나아가고 있다고 과연 단언할 수 있을까. 현대인의 일반적인 감각은 아마 이 정도 선에서 요약될 수 있을 것이다.

결과적으로 '진보' 이념에 바탕을 둔 진보주의의 깃발은 옛 색을 잃었고 역설적으로 보수주의 역시 그 지반이 흔들리고 있다. 진보주의라는 라이벌을 잃은 결과 보수주의 역시 방향을 잃고 헤매기 시작한 것이다.

글머리에서 지적한 '보수주의'를 둘러싼 이해의 다양성 역시 그 결과이지 않을까. 스스로를 '보수'라 칭하는 사람 중 다수는 '리버럴'이나 '좌익'에 자의적인 이미지를 그린 뒤, 이를 샌드백처럼 두들기는 것으로 자신의 '보수'를 정당화한다. 그러나 대부분의 경우 상상 속의 적을 상대로 헛된 주먹을 휘두르는 것에 지나지 않는 듯 보인다.

더불어 보수주의는 더 이상 '어른'의 사상이라고 말하기 어려워졌다. '젊은이의 보수화'가 사람들의 입에 오르내린 지 오래지만(단 젊은이들이 정말로 '보수'화했는지에 대해서는 이견이 존재한다)

'분별' 없는(혹은 '어리게 행동하는') 고령의 보수주의자도 많다. 무엇보다 인간의 '성숙'을 논하기 어려운 시대가 되었다.

만일 '보수주의'라는 단어를 오늘날에도 의미 있는 것으로 사용하고자 한다면 이 단어의 내력을 살펴보고 현대적으로 재정의 하는 것이 필수적이지 않을까. 그 경우 보수주의를 **보다 열린 의미의** 사상으로 새롭게 파악하는 것이 반드시 필요하다.

보수주의란 무엇인가. 이를 새로이 생각해 보고자 한다.

차례

변질하는 보수주의

진보주의 쇠퇴 속에서

'무언가를 지킨다'는 것

보수주의를 새로이 생각하기 위해서는 우선 '무언가를 지킨다'는 원점으로 돌아갈 필요가 있다.

사람은 어떤 상황에서 무엇을 지키려고 하는가. 당연히 지켜야 할 무언가가 있고 그 무언가가 위협받고 있을 때일 것이다. 이대로는 소중한 무언가를 잃게 되고 마는 때, 그런 상황에서 사람은 처음으로 자각적으로 그것을 지키려고 마음먹는다.

소중한 무언가는 자기 자신의 생명과 재산, 안전과 신용일지도 모른다. 하지만 사람이 정말로 '무언가를 지키겠다'고 마음먹는 것은 자신 이외의 무언가에 관한 것일 때가 많을 것이다.(보통 굳이 마음까지 먹지 않더라도 자기 자신의 생명이나 재산은 지키려고 하니 말이다.)

자신의 가족이나 동료, 지역사회, 그 역사나 문화, 기능과 전승, 나아가 자연환경이나 경관 등등을 지키려 한다. 그리고 무언가를 지키려 할 때, 사람은 조금이나마 용기와 자긍심을 느낀다. 자신이 행동하지 않으면 그 무언가를 잃어버리게 된다. '무언가를 지킨다'는 것은 곧 그 사람의 존재 증명으로 이어지는 것일지도 모르겠다.

　문제는 사람마다 각자 지켜야 할 것이 다르다는 점이다. 누군가에게는 소중한 것이 다른 사람에게는 별다른 의미를 갖지 않을 수도 있다. 이는 너무나 흔한 일이다. 소중하지 않은 것은 아니지만 그렇게까지 소중하게 느껴지지도 않는다. 즉 그 사람에게는 보다 중요한 다른 것이 따로 있다.

　보수주의가 자주 키워드로 삼는 말에 '전통'과 '권위'가 있다. 과거로부터 이어져 내려온 무언가, 강제되지 않더라도 자연스레 따르게 되는 무언가. 이러한 것이 인간의 정신에는 필요하다고 예로부터 보수주의자들은 주장해 왔다.

　이러한 것들은 인간에게 '누름돌'과 같아서, 그것이 없으면 인간의 정신은 끝없이 허공을 부유하게 된다. 자신은 그 어떤 전통으로부터도 자유로우며 그 어떤 권위도 인정하지 않는다고 허세 부리다 보면 도리어 사고의 기준이 사라져버린다. 따라서 '전통'과 '권위'가 존재할 때 인간은 오히려 주체적이 된다고 보수주의자들은 생각했다.

원리주의의 대두

　그러나 오늘날에는 그 '전통'과 '권위'가 대체 어디에 존재하는지 점점 알기 힘들어지고 있다. '우리나라의 전통'이라고 해도, 구체적으로 무엇을 연상하는가는 그 사람 나름일 것이다. '아버지의 권위'라는 말 역시 사어(死語)가 된 지 오래다.(이제는 패러디의 대상조차 되지 않는다.)

　본래 '전통'도 '권위'도 사람들에게 공유됨으로써만 의미를 갖는다. 모두가 '전통'이라고 하기 때문에 '전통'인 것이고 모두가 '권위'라고 인정하기 때문에 '권위'가 된다. '전통'도 '권위'도 사람마다 제각각이라면 그것은 애초에 '전통'도 '권위'도 아닐지도 모르겠다.

　영국의 사회학자 앤서니 기든스는 '탈전통적 사회질서'라는 개념을 사용해 이러한 사태를 설명한다. 현대 사회로부터 '전통'이 사라진 것은 아니다. 다만 예전 방식을 가지고는 '전통'을 '전통'이라 옹호하기 어려워지고 있다. 어떤 '전통'이 왜 '전통'이라 불리는지 제대로 설명할 수 없으면 '전통'으로 인정받을 수 없게 된 것이다. 기든스의 말에 따르면 전통조차 그 근거를 제시해야 하는 것이 현대 사회이다. 세계화가 진행되고 다양한 사람들이 함께 생활하는 현대 사회에서, 무엇이 '전통'이고 무엇이 '권위'인지는 당연하게도 그 자명성을 잃어버린다.

딱히 그래도 상관없다, 나에게 '전통'은 그저 '전통'인 것이며 설명하거나 정당화할 생각 따위 없다. 이렇게 말하는 사람도 있을 것이다. 기든스에 따르면 이런 생각은 이미 '원리주의'적이다. 자신의 생각을 처음부터 옳다고 여기고 다른 사람의 의문이나 비판을 받아들이지 않을 때. 이런 태도를 '원리주의'적이라 한다. '원리주의'라 하면 종교나 민족주의를 떠올리는 사람이 많겠지만 현대적 의미의 '원리주의'는 그런 것들에 한정되지 않는다. 사회의 곳곳에서 '원리주의'가 대두하는 것이 '탈전통적 사회질서'의 또 다른 측면이라 할 수 있다.

그런 맥락에서 사람들이 스스로 지키려 하는 것이 '**나의** 전통'이나 '**나의** 권위'에 지나지 않을 수도 있다는 가능성을 인정하면서도 여전히 자신에게 소중한 무언가를 지키려 할 때, 현대적 보수주의를 논할 여지가 생긴다.

실제로 서점에 가서 '보수주의'라는 단어를 제목에 포함한 책을 한 번 찾아보도록 하자. 우선 그런 책이 아주 많다는 데 놀랄 것이다. 그리고 '보수'해야 할 것, 즉 지켜야 할 것으로 여겨지고 있는 내용의 다양함에 놀랄 것이다. 현대는 보수주의가 유행하는 시대, 누구든지 보수주의자가 될 수 있는 시대이다.

에드먼드 버크, 보수주의의 '출발점'

이러한 보수주의의 '재정의'에 위화감을 느끼는 이가 있을지도 모르겠다. 보수주의란 정말 그런 걸까. 보수주의라고 하면 에드먼드 버크(Edmund Burke, 1729~1797) 이래의 전통을 가진 정치적 이데올로기라 할 것이다. 이 전통에서 중시하는 것은 한 나라의 정치체제로 한 사람 한 사람의 개인이 '무언가를 지킨다'는 것과는 차원을 달리하는 이야기이지 않은가. 이런 의문에는 분명 정당한 측면이 존재한다.

버크는 18세기의 정치가이자 사상가이다. 아일랜드에서 태어나 그레이트브리튼 왕국(이하 영국이라 표기한다)의 하원의원으로 활약했다. 뼛속부터 의회주의자인 휘그당(훗날의 자유당) 정치가였던 그는 당시의 영국 왕이자 전제주의적 색채가 강했던 조지 3세와의 충돌도 불사했던 인물이다.

미국 독립문제에 있어서는 식민지 편에 서서 독립을 인정했고 아일랜드에서는 차별 당하던 가톨릭의 권리옹호를 위해 힘썼다. 나아가 동인도회사가 식민지 인도에서 저지른 부정을 규탄하는 등 버크는 일관된 자유의 투사였다. 그랬던 버크가 말년에 조우한 것이 바로 프랑스 혁명이다.

많은 이들은 버크가 프랑스 혁명을 옹호하리라 예상했다. 실제로 혁명 당시 영국의 여론은 이웃 나라 혁명에 호의적이었으며 그 정신을 따라 영국에서도 개혁을 추진해야 한다는 목소리가 높았다. 그러나 예상과 달리 버크는 이 혁명을 격렬하게 비판한다. 혁명 직후인 1790년, 발 빠르게 『프랑스 혁명에 관한 성찰(*Reflections on the French Revolution*)』을 출간한 버크는 이후 한결같이 반혁명의 투사로 일컬어지게 된다.

어째서 자유의 투사였던 버크가 반혁명 투사가 된 것일까. 자세하게는 제1장에서 검토하겠지만 확실한 것은 그가 추상적 정치이념에 기초한 급진적 개혁에 비판적이었다는 점이다. 그는 분명 국왕조차도 비판했지만 이는 국왕 자신이 왕국의 기본적 자유 원칙을 어겼기 때문이었다.

버크에게는 명예혁명을 통해 세워진 정치체제만이 진정한 영국 헌정(British Constitution)이었다. 네덜란드에서 맞이한 윌리엄 3세와 그의 아내 메리 2세가 즉위하고 '권리장전'을 반포한 명예혁명에 의해 실현된 것은 바로 자유의 체제였다. 이를 지키고 발전시켜 나가는 것이 정치가 버크의 신조였다.

사람들의 자유를 지키기 위해 오랜 시간, 여러 세대에 걸쳐 수많은 이들의 노력과 궁리를 통해 배양되어 온 것이 바로 영국 헌정이다. 하루아침에 이루어진 정치제도가 아닌 만큼 이웃 나라 혁명을 구실삼아 안이하게 전면적 개조를 시도해서는 안 된다. 자유의 투사 버크는 그렇게 믿었기에 반혁명의 편에 선 것이다.

버크의 눈에 프랑스 혁명은 어떻게 보였을까. 프랑스에는 프랑스 나름의 정치적 전통과 제도가 있고 거기에는 독자적인 자유의 원칙이 있었을 것이다. 그러나 급진화한 사람들은 프랑스적 자유의 제도를 신장하거나 개량하려 하지 않았다. 고치고 다듬어 써야 할 건물을 귀찮다며 토대부터 박살내버린 것이다.

혁명은 모든 것을 빈터로 만든 뒤 그 위에 이상적인 정치제도를 하나부터 다시 쌓아올리려는 시도이다. 하지만 그렇게 급하게 지은 건물이 견고할 리가 없다. 도리어 원래 있었던 장점조차 잃어버리고 곧 모든 것이 무너져버리리라. 이와 같은 버크의 예언은 자코뱅파의 공포정치와 나폴레옹 독재에 의해 현실화된다.

18세기 버크의 주장

이러한 버크의 일화로부터 다음과 같은 사실을 확인할 수 있다.

첫째, 버크의 보수주의란 정치제도부터 시작해 사회의 여러 제도들을 염두에 둔 것이다. 이 경우 제도는 법에 명시된 제도만을 의미하는 것이 아니라 관습이나 암묵적 규칙과 같은 것도 포함한다. 그렇지만 사람들 사이에서 실효적, 안정적으로 작용하고 있는지 여부가 중요하므로 추상적 이념이나 이미지는 배제된다. 어디까지나 구체적 제도의 체계를 지키는 것이 보수주의의 주안점이었다.

둘째, 이러한 제도들은 역사적으로 형성되고 세대를 거쳐 유지, 계승되어 온 것이다. 즉 버크가 지키려 했던 영국의 헌정이란 마치 전통 있는 건물처럼 많은 사람이 그곳에 생활하며 관리함으로써 가꾸어 온 것이다. 물론 각 시대의 주민들은 자신이 살기 좋은 방향으로 집을 개량한다. 따라서 낡은 상태 그대로를 유지해 온 것은 결코 아니다. 그러나 이 과정 속에서도 건물의 기본 구조는 유지되어야 하며 기본 구조를 잃게 된다면 보수는 더 이상 보수가 아니다.

셋째, 버크가 영국 헌정을 지키려 한 것은 단지 그것이 오래되어서가 아니었다. 더 중요했던 것은 사람들의 자유를 지키는 것이었다. 버크의 최대 관심사는 권력의 전제화를 방지하고 역사적으로 사람들에게 인정받은 권리들을 지키는 방법에 있었다. 그 핵심은 권력의 견제와 균형(check and balance)을 가능케 하는 시스템에 있다. 자유를 위한 제도 구상이야말로 버크의 보수주의에서 지극히 중요한 것이었다.

마지막으로 버크의 보수주의 이면에 존재한 주제는 민주주의에의 대응이었다. 버크 자신은 결코 유력한 귀족 집안에 태어나지 않았다. 뿐만 아니라 당시 예속적 입장에 놓여 있었던 아일랜드 출신이었으며 정치적 활약 역시 귀족원이 아닌 서민원, 즉 하원에서 이루어졌다. 따라서 그는 결코 낡은 신분제를 긍정하지는 않았다.

그러나 버크는 프랑스 혁명에 의한 급진적인 개혁에 단호히 반대했듯이 직접적 정치참여의 급격한 확대에 대해서도 어디까지나 신중한 자세를 유지했다. 사회와 정치의 민주화를 전제로 하면서도 질서 있는 점진적 개혁을 지향하는 것이 그의 보수주의였다.

이와 같이 보수주의를 논함에 있어 버크를 언급하려면 적어도 ①지켜야 하는 것은 구체적인 제도와 관습이며 ②이러한 제도와 관습은 역사 속에서 다듬어져 온 것임을 잊어서는 안 된다. 나아가 ③자유를 유지하는 것이 중요하며 ④민주화를 전제로 하면서도 질서 있는 점진적 개혁을 지향한다는 점을 근거로 해야 한다.

바꿔 말하면 ①추상적이고 자의적인 과거의 이미지에 바탕을 두고 ②현실의 역사적 연속성을 무시하며 ③자유를 위한 제도를 파괴하고 ④나아가 민주주의를 전면 부정한다면 그것은 결코 보수주의라 말할 수 없을 것이다. 적어도 **버크적 의미의** 보수주의는 아니다.

20세기 이후의 변질—'혁명'을 지향하는 보수

만일 버크 이래의 보수주의가 위와 같은 것이라면 어째서 한 사람 한 사람의 인간이 '무언가를 지키는' 것으로부터 현대 보수주의가 재출발해야 하는가. 그 배경에는 현대 보수주의의 커다란 변질이 존재한다.

예를 들면 '보수혁명'이라는 용어법이다. 1980년대 미국의 로널드 레이건(Ronald Reagan) 대통령이나 영국의 마거릿 대처(Margaret Thatcher) 총리에 의한 일련의 개혁은 '보수에 의한 혁명' 또는 '신보수혁명' 등으로 불렸다. 분명 그들이 시도한 개혁은 제2차 세계대전 이후 복지국가의 존재 양식을 크게 전환시키는 것이었으므로 '혁명'이라는 이름을 사용하는 데 전혀 근거가 없다고는 할 수 없다. 더욱이 그들은 정치적으로 분명 '보수'였으며 '좌파'나 '리버럴파'를 격렬히 비판했다.

설령 그렇다 해도 '보수혁명'은 역시 자기모순적 용어임이 틀림없다. 분명 현대 보수주의자 중 다수는 정치나 사회 현상을 강하게 비판하고 그들 스스로 갖고 있는 과거의 이상적 상태로의 회귀를 호소함으로써 변혁의 길을 발견하려 한다. 이에 비해 '좌파'나 '리버럴파'라 불리는 쪽은 복지국가를 현상유지하려는 경향이 훨씬 강하다. 그럼에도 불구하고 제도나 관습의 연속성을 중시하면서 현존하는 구조를 조금씩 손질하며 유지해 나가는 데 보수주의의 원점이 있다는 것을 고려한다면 '혁명'을 지향하는 보수라는 것은 역시 기묘한 존재라 할 수 있다.

어째서 이러한 전도가 발생하는가. 그 답 중 하나는 보수주의의 라이벌과 관계 있다. 많은 논자들이 지적하듯 보수주의는 프랑스 혁명 이래 진보주의에 대항해 등장한 것이다. 이 경우 진

보수의란 추상적 이념에 기초해 사회의 전면적 개조를 시도하는 입장으로 보통 이상주의적이며 이성과 체계성을 중시하는 경향이 있다. 이러한 진보주의에 대항하는 보수주의는 오히려 구체적인 것, 경험적인 것을 중시하며 역사의 연속성 속에서 부분적 개량을 지향하는 입장이라 할 수 있다. 나아가 인간의 이성뿐만 아니라 감정이나 무의식적 관습을 중시하는 것 또한 보수주의의 특성으로 여겨져 왔다.

그러나 현대에는 앞서 지적했듯이 진보주의 존재 자체가 의심스러워지고 있다. 프랑스 혁명을 주도한 자코뱅파 등의 급진파, 사회주의 혁명과 계획경제를 목표로 했던 마르크스주의자, 나아가 20세기 '큰 정부' 주도에 따른 사회개량을 믿었던 리버럴파 등을 역사상 진보주의의 예로 든다. 하지만 이들 모두 지금은 크게 쇠퇴해 더 이상 예전의 모습을 찾아볼 수 없다.

'성찰적 근대' 속에서

한편 보수주의의 기반도 조용한 변화를 맞고 있다. 전통적인 보수주의가 그 기반으로 삼았던 것은 귀족제 등 신분제 조직, 명망가에 의한 지역 지배, 사람들에게 크게 영향을 미쳤던 교회 세력 등이었다. 이에 비해 진보주의를 지지한 것은 정치적, 경제적, 사회적으로 열위에 놓였던 이들이나 산업화와 함께 새로

이 대두하고 있었던 중산계급 등이었다.

그러나 귀족이나 명망가와 같은 보수주의의 전통적 기반은 현대에서는 크게 후퇴했다. 오히려 예전이었으면 진보주의를 지지했을 중산계급 가운데 현상유지적 보수주의를 선택하는 사람도 늘고 있다. 결과적으로 한 사람이 갖는 정치적 신조나 이데올로기와 그 사람이 가진 사회적 배경 사이에 예전만큼 명확한 대응관계를 발견하기 어려워지고 있다.

과연 오늘날의 보수주의자 중 신분제도의 부활을 지지하는 사람이 있을까. 전통적 지방권력자의 영속을 바라는 이가 있을까. 나아가 거대한 국교회에 의한 정치지배를 환영하는 이가 있을까. 이러한 관점에서 보면 현대 보수주의를 지지하는 이들의 사회적 기반은 지난 두 세기 동안 크게 변화했다고 할 수 있다. 그렇다면 보수주의의 내용 역시 완전히 새로운 것이 되었다고 해도 전혀 이상하지 않다.

오늘날의 보수주의는 확실히 지난날의 보수주의와는 다르다. 버크의 보수주의가 현대인이 경청할 만한 내용을 많이 포함하고 있다고는 하지만 그가 살았던 시대와 오늘날은 그 사회적 기반이 완전히 변화했다는 사실을 잊어서는 안 된다.

보수주의는 근대의 사상이었다. 사회의 무한한 '진보'를 믿을 수 있었던, 인류의 역사 중에서도 보기 드문 시기에 고유했던 사상이었다. 반면 오늘날의 보수주의는 근대가 종언을 맞이한 시대의 그것이며 그런 맥락에서 '포스트모던'의 보수주의이다. 혹은 이미 언급한 앤서니 기든스의 표현을 다시 한 번 빌리자면 '성찰적 근대(reflexive modernity)', 즉 근대가 스스로 산출해낸 작용의 결과로서 변질되어 새로운 단계로 돌입한 시대의 보수주의이다.

'성찰적 근대'에서 사람들은 자신의 과거나 전통을 자각적으로 되묻는다. 만일 현대 사회에서도 여전히 보수주의가 의미를 가진다면 과거나 전통을 끊임없이 보다 풍요로운 것으로 재정의해 나가는 데서 그 의미를 찾아야 할 것이다. 이미 과거나 전통은 명백한 것이 아니다. 그렇기 때문에 그것을 재해석하고 재편집해 갈 필요가 있다. 과거 역사 속에서 자신이 기댈 가치나 기준의 원천을 어떻게 찾아낼 것인가. 그것을 어떻게 재해석해야 현대적 형태로 부활시킬 수 있는가.

'진보'가 잘 보이지 않는 시대인 만큼 과거를 되돌아보는 것. 과거를 확정된 불변의 무언가로 파악하는 것이 아니라 재해석이나 재편집이 가능한 것으로 이해하는 것. 이런 태도를 취하면서도 독선적인 '원리주의'를 배제하고 보다 많은 사람들이 공유할 수 있는 열린 과거를 만들어 가는 것이 중요하다. 21세기에도 만약 보수주의가 여전히 하나의 지혜로서 계속해 존재한다면 이들 과제는 명백한 것이다.

이 책은 다음과 같은 문제의식에서 출발해 보수주의의 역사와 미래를 전망한다. 여기서 보수주의란 그 자체로 하나의 일관된 이론적 체계라기보다는 프랑스 혁명이나 사회주의 혁명 혹은 복지국가에 기반을 둔 큰 정부 등 그때그때 라이벌과의 관계에서 스스로의 논리를 구축해 온, 소위 상대적인 입장이다. 이러한 틀에서 보수주의를 이해하고자 한다면 라이벌 관계를 중심으로 한 역사적 재검토가 불가결하다.

제1장에서는 '프랑스 혁명과 싸우는' 버크의 고전적 보수주의를 재검토하고 제2장에서는 '사회주의와 싸우는' 20세기 보수주의를 논하고자 한다. 제3장에서는 복지국가가 막다른 골목에 다다름과 동시에 등장한 '큰 정부와 싸우는' 보수주의로 눈길을 돌린다. 그리고 제4장에서는 일본의 보수주의에 대해 고찰하고자 한다. 과연 일본에 진정 '보수주의'라 부를 만한 전통이 존재했는가를 포함해 현대 일본에서 보수주의를 논하는 것이 어떤 의의를 가지는지 근본적으로 검토하는 것이 이 책의 최대 과제이다. 종장에서는 21세기의 보수주의를 전망할 예정이다.

각 장의 내용은 서로 독립적이므로 관심 있는 곳부터 먼저 읽어도 무방하다. 그러나 역시 보수주의의 탄생, 변질, 그 미래를 시간순으로 파악해 주신다면 저자로서도 기쁠 것 같다.

제1장

프랑스 혁명과

싸우다

에드먼드 버크의 생애

가족배경과 교육

보수주의란 무엇인가를 본격적으로 고찰하기에 앞서 우선 그 '원점'을 확인해 두고자 한다. 보수주의의 원류로 곧잘 지목되는 이가 바로 에드먼드 버크이다.

버크는 1729년에 태어났다. 『국부론』이나 『도덕감정론』으로 잘 알려진 경제학자이자 도덕철학자인 애덤 스미스보다 여섯 살 아래였다. 후에 언급하겠지만 버크는 스미스나 데이비드 흄 등 스코틀랜드 출신 사상가들과 밀접한 관계에 있었고, 그들의 사상으로부터 큰 영향을 받았다. 아일랜드 출신 버크가 스코틀랜드 출신인 스미스나 흄과 동일한 지적 교류권에 속해 있던 것이 18세기 영국의 모습이었다고 할 수 있다.

그러나 당시 영국에서 스코틀랜드와 아일랜드가 차지했던 위치는 결코 같지 않았다. 잉글랜드와 스코틀랜드는 17세기 이래 동군연합(同君聯合, personal union: 동일한 군주를 모시는 국가 사이의 연합) 상태에 있었으며 1707년에는 정식으로 합방하여 그레이트 브리튼 왕국(영국)을 형성했다. 물론 경제력이나 인구 면에서 양국 사이에는 큰 차이가 있었으며 상호대립이 없었던 것은 아니다. 그럼에도 불구하고 어쨌든 잉글랜드와 대등한 관계에 있었던 스코틀랜드에 비해 아일랜드의 입장은 훨씬 종속적이었다. 크롬웰 시대에 정복된 이후 사실상 잉글랜드의 식민지였던 아일랜드에서는 18세기 이래 격렬한 독립운동과 그 탄압이 반복된다.

버크는 이와 같은 시대에 아일랜드에서 태어났다. 아버지 리처드 버크는 아일랜드 재무재판소에 소속된 법률가였으며 어머니 메리는 아일랜드 명문 네이글가 출신이었다. 실은 이러한 가족관계 자체가 버크의 미묘한 입장을 암시하고 있다. 즉 실무가 타입인 부친 리처드가 개종한 영국 국교도였던 반면 모친 메리는 가톨릭교도로 아일랜드 땅과 보다 밀접한 관계를 가지고 있었기 때문이다. 형제자매의 수는 많았지만 성년까지 자랄 수 있었던 것은 버크를 포함해 3남 1녀뿐이었다. 남자아이는 영국 국교도, 여자아이는 가톨릭교도로 키웠다는 에피소드는 사회적 신분상승 욕구와 전통에의 밀착이라는 버크가의 분위기를 추측해 볼 때 꽤 흥미롭다.

결과적으로 버크의 정체성은 복잡해졌다. 노르만 귀족의 후예를 자칭하는 아버지의 가계에 비해 어머니의 가계는 아일랜드의 가톨릭 문화와 더 깊이 연결돼 있었다. 훗날 버크는 아일랜드 가톨릭교도의 권리를 옹호하는데, 이 결정의 근저에는 모친을 통한 아일랜드 가톨릭교에의 친밀감이 분명 존재했을 것이다. 한편 아버지 가계의 전통과 기대를 등에 지고 있던 버크가 아일랜드의 지배계급인 '프로테스탄트 앵글로 아이리시'로서 행동한 것 역시 부정할 수 없다.

어릴 적 병약했던 버크는 이내 형제들과 함께 퀘이커가 운영하는 기숙학교에 진학한다. 종교적 관용과 높은 학업 수준 덕분에 평판이 높았던 이 학교에 잘 적응한 버크는 교장의 아들인 리처드 섀클턴(Richard Shackleton)과 오랜 세월 교우관계를 유지할 정도로 절친한 사이가 되었다. 이후 더블린의 트리니티 칼리지에서 전통적 인문학을 배우는 한편, 섀클턴 등과 문예지를 편집하는 등 문학 및 집필에 관심을 보였다.

1750년 스무 살 때 처음 런던에 상경한 버크는 부친 리처드의 기대에 부응해 법률 공부를 시작했다. 법률가가 되는 것은 버크와 같은 출신의 야심찬 청년들에게 몇 안 되는 사회적 상승 수단이었다. 그러나 문학 및 예술에 더 관심을 가지고 있었던 버크는 법조인 양성을 위한 미들 템플에 들어가기는 했으나 법률 공부를 그다지 열심히 한 것 같지는 않다. 훗날 버크는 관습법 전통을 강조하고 법의 중요성을 설파하기는 했지만 청년 버크에게서는 아직 그런 모습을 찾아볼 수 없다.

당시 런던은 경제적 발전과 함께 대영박물관이 개관하는 등 다양한 문화 활동이 꽃피던 시기였다. 어디까지나 법률가로서 입신양명할 것을 기대하는 아버지의 거센 질책 속에서도 젊은 버크는 오히려 문필 활동으로 이름을 떨치리라 결의하기에 이르렀다.

『숭고와 미의 근원을 찾아서』

버크가 문필가로서 명성을 떨치게 된 계기가 『숭고와 미의 근원을 찾아서(*A Philosophical Enquiry into the Origin of our Ideas of the Sublime and Beautiful*)』(1757)였던 점은 흥미로운 일이다. 사람은 왜 숭고한 것에 감동하는가. 미학과 심리학을 주제로 하는 이 저작이 훗날 보수주의자 버크의 작업과 어떻게 연결되는지는 생각해 볼 가치가 있는 주제이다.

미학사에서 버크는 '숭고'라는 관념에 처음으로 주목한 인물로 평가된다. 그 이전까지 미학에서 중시된 것은 '균형'이나 '질서' 혹은 '조화'와 같은 정적인 아름다움이었다. 이에 비해 18세기 유럽에서는 그랜드 투어라 불리는 여행 스타일의 유행과 함께 알프스 등지에서 증가한 산악체험을 배경으로 새로운 미의

식 및 감수성에 대한 관심이 커지고 있었다. 즉 높이 솟아오른 산이나 깊은 골짜기, 광대한 사막 등을 눈앞에 둔 인간은 일종의 외경심과 함께 감동을 느끼게 되는데 이러한 동적인 아름다움을 설명하기 위한 관념이 '숭고'였다.

사람으로 하여금 편안함을 느끼게 하는 미와는 대조적으로 '숭고'는 충격이나 긴장감을 가져다준다. 단 이러한 충격이나 긴장감은 인간의 삶을 북돋우며 재생의 기회를 가져다준다고 버크는 논했다. 이러한 '숭고'의 관념은 버크 저작에 자극을 받은 이마누엘 칸트(Immanuel Kant)가 재조명해 『판단력 비판(*Kritik der Urteilskraft*)』(1790)의 중요한 테마 중 하나가 되었다.

그러나 표면만을 본다면 이러한 버크의 '숭고'론과 말년의 정치가로서의 활동, 나아가 『프랑스 혁명에 관한 성찰』에 나타나는 보수주의 사이의 관계를 발견하기란 어렵다. 이 책은 세간의 주목을 바란 청년 버크의 '청년기 저작'에 지나지 않으며 훗날의 활동과는 아무런 관계가 없다고 단정하는 것도 불가능하지는 않다.

하지만 버크 미학을 연구하는 구와지마 히데키(桑島秀樹)는 버크의 이 저작에서 "고향인 '속국' 아일랜드와 교양 있는 문인이자 정치인으로서 후반생을 보낸 무대인 '종주국' 그레이트브리튼 왕국, 이 두 국가 혹은 문화공동체 사이에서 흔들리는 내면적 갈등의 그림자를 찾아볼 수 있다"고 지적한다(『숭고의 미학』). 실제로 『숭고와 미의 근원을 찾아서』에서 버크는 사교(社交)가 가져다주는 '쾌락'과 '아름다움', 고독이 가져다주는 '고통'과 '숭고'를 대비한 후 '아름다움'이 아니라 '숭고'로부터 적극적 의미를 도출해냈다.

만년의 버크는 추상적 이념에 기반을 둔 혁명의 폭력성을 비판하고 역사적으로 형성된 관습이나 전통을 중시했다. 그러나 그 출발점에는 공포나 고독과 깊은 관계를 가진 개인의 자의식과 그 내부의 분열, 갈등에 깊은 관심이 있었다는 점을 경시해서는 안 된다. 버크라는 인물의 **사상적 체질**을 탐구함에 있어 이 문제는 중요하다. 나아가 버크가 이 관념 속에서 이 세상을 살아가는 인간의 감각적 인식의 한계를 느꼈다는 것은 이후 버크의 사상적 전개를 검토하는 데 시사점을 제공한다.

정계 입문

『숭고와 미의 근원을 찾아서』가 호평을 받으면서 이 젊은 아일랜드인은 드디어 런던 땅에서 자신의 자리를 획득하게 된다. 문필가로 이름을 알린 버크는 저널리즘 그리고 정치 세계에 발을 들여놓았다.

버크가 정계에 입문한 것은 1759년, 서른 살 때의 일이다. 이 해에 영국은 '기적의 해(Annus Mirabilis)'를 맞이하고 있었다. 윌리엄 피트(William Pitt) 총리의 지도 아래 마침내 7년 전쟁에서 공세를 펼치게 된 영국은 해군력으로 프랑스를 압도했으며 신대륙에서도 퀘벡 주를 빼앗고 몬트리올을 함락시킨 상태였다. 1757년 인도의 플라시 전투에서의 승리와 함께 바야흐로 영국은 신대륙과 인도 양쪽에서 압도적 우위를 확립하고 있었다.

그러나 식민지에서의 이러한 승리에도 불구하고 영국 정치는 불안정한 양상을 보이고 있었다. 그 원인은 조지 3세의 즉위였다. 당시 영국은 독일로부터 온 하노버 왕조의 통치 아래 있었다. 하노버 왕조 초기의 국왕 조지 1세나 조지 2세는 독일 태생이었고 독일어를 모국어로 썼기 때문에 영국보다는 대륙 정치에 관심이 더 많았다. 이에 비해 조지 3세는 마침내 등장한 영국에서 나고 자란 국왕으로 친정(親政)에 강한 열의를 가지고 있었다. 이는 영국정치에 무관심했던 왕들 치하에서 발전하고 있었던 정당정치와 심한 마찰을 일으키게 된다.

조지 3세에게 권력을 쥔 휘그 정치인들은 부패한 존재에 지나지 않았다. '애국 왕'으로서의 자각을 가지고 있던 조지 3세는 피트 등 휘그 정치인들을 멀리하고 토리(훗날의 보수당)를 적극적으로 기용했다. 이러한 행동은 로버트 월폴 이래 휘그에 의한 지배에 종지부를 찍었으며 정권교대가 짧은 주기로 반복되는 정치적 불안정기를 가져오게 된다.

그러나 정치 불안정화는 곧 전통적 지주귀족 이외 출신인 이들에게 정계진출의 기회가 되었다. 버크의 정계 입문 역시 이러한 맥락에서 이루어진 것일지도 모르겠다. 처음에는 아일랜드 재무장관을 지낸 해밀턴(William G. Hamilton)이라는 정치인의 비서가 된 버크는 곧 그와 결별하고 휘그파 영수인 로킹엄 후작(The Marquess of Rockingham)의 측근이 된다. 이 로킹엄 후작이 1765년 정권을 잡은 후에야 버크는 드디어 정계의 중심에 진입할 수 있었다. 이 해에 버크는 휘그 귀족 랠프 버니(Ralph Verney)가 소유한 '독점 선거구(pocket borough: 유권자 수가 적고 특정 유력자가 마음대로 할 수 있는 선거구)'인 웬도버 선거구에서 당선, 36세의 나이에 하원의원이 되었다.

사실 로킹엄 정권은 1년밖에 지속되지 않았고 그 후 그의 정파는 기나긴 야당 시절을 보내게 된다. 그럼에도 불구하고 버크는 그의 정치적 생애 마지막까지 로킹엄과 행보를 같이했다. 결과적으로 버크는 기껏 1년 정도 군 예산편집관(Paymaster of the Forces: 영국 육군의 재정책임자)이 되었을 뿐 정치적 경력은 보잘것없었지만 이런 상황이 '야당 이론가'로서 그를 담금질해 나갔다.

지식인 서클 활동

물론 이 시기 버크의 활약장소가 정계에 한정된 것은 아니었다. 정계에 입문하기 전에 더즐리라는 출판사와 계약하여 『연감

(*Annual Register*)』을 창간한 버크는 이 잡지에서 영국 및 유럽 대륙의 다양한 사상을 논하게 되었다. 이 경험이 버크의 지적 관심의 폭을 크게 넓혔음은 틀림없다.

버크가 관심을 가진 것은 영어사전 편찬자로 유명한 새뮤얼 존슨(Samuel Johnson)을 비롯해 애덤 스미스, 토머스 리드, 볼테르 그리고 장 자크 루소 등이었다. 이미 지적했던 바와 같이 버크는 흄과도 면식이 있었으며 흄으로부터 직접 스미스의 『도덕감정론』(1759)을 건네받아 강한 자극을 받았다. 또 1748년에 간행된 몽테스키외의 『법의 정신』 역시 버크의 애독서였으며 그에게 몽테스키외는 평생 존경의 대상이었다.

이윽고 버크는 당대 영국 문단의 중진이었던 새뮤얼 존슨과도 친교를 맺게 된다. 존슨은 그가 만든 문학 클럽으로도 유명한데 버크는 그 창설에도 관여했으며 클럽의 정규 회원 자격도 가지고 있었다. 이 클럽에는 애덤 스미스와 『로마 제국 쇠망사』로 알려진 에드워드 기번 등도 참여했다. 그 중에서 버크는 가장 생기 넘치는 인물이었다고 전해진다. 존슨은 "버크는 일부러 주목받기 위해 말하지 않는다. 그의 넘쳐나는 정신이 이끄는 대로 말할 뿐이다"라는 말을 남기며 버크의 재능을 높이 평가했다.

이처럼 그의 경력을 되짚어 보면 정치가 버크의 실상도 포착할 수 있지 않을까. 그는 아일랜드 출신에 가문도 인맥도 보잘 것없는, 그 어떤 배경도 없는 인물이었다. 당대에 '벼락출세한 아일랜드인'이라는 심술궂은 평가가 있었던 것도 사실이다. 버크는 그런 시선을 받으면서도 로킹엄과의 신뢰관계를 축으로 영국 정계에서 확고한 지위와 평가를 획득해 나갔다.

버크의 재능은 어디까지나 '언어'였으며 의회와 유권자들 앞에서 이루어지는 연설과 정치 팸플릿이야말로 그의 무기였다. 그의 지식 배경에 있던 것은 다름 아닌 동시대 프랑스나 스코틀랜드의 계몽사상이었으며 문인들 및 철학자들과의 네트워크가 정계에서 버크 활동의 버팀목이 되었다.

따라서 프랑스 혁명의 비판자이자 계몽사상에 적대적이었던 인물이라는 버크의 이미지는 다소 일면적이라 할 수 있다. 버크는 분명 추상적 이성 사용을 비판했지만 결코 이성 그 자체를 부정한 것은 아니었다. 루소에 대해서는 『프랑스 혁명에 관한 성찰』에서 "기교적이긴 하지만 예리하기도 했던 관찰자"라는 평을 남겼다. 그의 정치적 영향력을 비판하면서도 그 재능에 이른 시점부터 주목했던 이 역시 버크였다. 버크는 실로 당대의 지(知)의 발전과 네트워크 속에서 만들어진 인물이었으며 훗날 그가 프랑스 혁명의 원인이 된 계몽사상을 비판하였다 하더라도 그것은 결코 계몽사상 자체에 대한 전면적 부정은 아니었다.

버크는 어디까지나 이성을 믿었다. 다만 그 사용법에 관해 동시대의 계몽사상과 격렬히 대립했을 뿐이다. 또 버크는 이성뿐아니라 인간의 감정에 주목한 사상가이기도 하다. 인간을 추동하는 감정과 정념은 『숭고와 미의 근원을 찾아서』 시절부터 그에게 있어 중요한 테마였다. 인간의 이성뿐 아니라 감성에 주목하고, 인간의 인식능력의 무한한 발전보다는 그 한계에 착목했던 점에서 버크 사고의 특징이 생생히 드러난다고 할 수 있겠다.

버크의 사상을 보다 깊게 파악하기 위해서는 그의 정치인으로서의 삶을 좀 더 추적해 볼 필요가 있다. 버크의 정치인생은 대영제국 발전과 재편의 시기에 해당하며 국왕 친정과 의회정치가 날카로운 긴장관계를 형성한 시기와 겹친다. 국왕 친정 반대, 미국 독립문제, 동인도회사 문제, 아일랜드 문제 등 그가 조우한 시대의 중요 쟁점을 검토해 나가고자 한다.

2

영국 통치 시스템에의 자부심
제국의 재편과 정당정치

이론가 버크의 탄생

전술한 바와 같이 버크가 정계에 입문한 것은 1759년, 영국의 '기적의 해'에 해당하는 때였다. 인도와 퀘벡을 획득한 결과 영국은 진정한 세계제국으로 거듭났다. 이는 세계 규모로 확대된 정치공간 속에 다양한 문화적, 민족적 배경을 가진 집단을 거느리고 통치를 행한다는 새로운 정치과제가 출현했음을 의미했다. 정치가 버크는 이 과제와 마주하는 것을 평생의 테마로 삼았다.

흥미롭게도 이 시기는 영국 내부에 정당정치가 확립된 시기이기도 하다. 국왕과 의회, 행정권과 입법권의 대립에 사람들의 관심이 쏠렸으며 새로운 통치형태가 모색되는 가운데 그 최대의 쟁점이 된 것이 바로 '정당(party)'이었다.

버크가 활약하기 전부터도 정당은 분명 존재했다. 그러나 그 본질은 유력한 귀족과 그의 추종자에 지나지 않았으며 훗날 정당이 갖는 이미지와는 동떨어져 있었다. 애초에 '휘그', '토리'라는 말부터가 '스코틀랜드 반란자', '아일랜드 무법자'를 의미하는 경멸적인 명칭이었다.

이에 비해 버크가 속해 있던 로킹엄파 휘그는 명확한 야당 노선을 취하며 국왕 및 그 측근에 의한 정치를 신랄하게 비판했다. 여기서 이론적 지도자 역할을 한 것이 다름 아닌 버크였으며 그는 만년 야당의 정치인으로서 혹은 만년 야당의 정치인이었기 때문에 시대의 중심적 과제와 마주할 수 있었다.

그럼에도 불구하고 역시 정치가 버크의 원점이라 할 수 있는 것은 로킹엄 정권시대(비록 단명하기는 했지만)의 경험이었다. 로킹엄이 내각을 이끌었던 것은 기나긴 휘그 지배가 끝나고 조지 3세의 총신 뷰트, 그렌빌 등 단명한 정권이 이어진 직후였다. 즉 막간 정권에 지나지 않았던 것이다. 이러한 로킹엄 정권은 집권 직전에 벌어졌던 윌크스 사건으로 인해 권력에 의한 자유 침해에 지극히 비판적인 태도를 취하게 된다.

윌크스 사건이란 당시 하원의원이었던 윌크스가 왕의 측근이었던 뷰트를 공격하고 심지어 왕의 칙어를 직접적으로 비판해 체포, 투옥된 사건이다. 윌크스는 기상천외한 행동으로 널리 알려져 적대적 비판자도 많았던 인물로(버크도 위화감을 느낀다고 한 바 있다) 의원 면책특권을 가지고 있음에도 불구하고 일반체포 영장에 의해 체포되었다. 이에 따라 그렌빌과 왕권의 강경한 입장에 대한 비판의 목소리가 높아졌다.

한편 그렌빌 정권은 7년 전쟁으로 재정상황이 악화된 상황에서 인지세법을 제정하는 등 식민지 미국에 대한 과세를 강화해 현지의 반발을 초래했다. 반면 로킹엄 정권은 런던이나 브리스틀 지역의 상인들과 친밀한 관계를 가지고 있었기 때문에 인지세법을 철폐했다. 이후로도 로킹엄파는 미국 식민지에 대한 유화적 자세를 유지했다.(이 일은 종종 대미 강경파 여론의 반발을 부르기도 했다.)

로킹엄 정권은 오래 가지 않아 곧 권력에서 물러나게 되었다. 이때 휘그는 국왕을 지지해 여당 자리를 유지하자는 그룹과 로킹엄을 따라 국왕과 대립각을 세우는 그룹으로 양분되었다. 이 일은 로킹엄파의 내부의견을 단일화하는 결과를 가져오기도 했다. 로킹엄파는 휘그 우월시대의 여당 경험과 함께 지방에 거점을 두고 세론의 동향에 민감한 입장을 유지함으로써 새로운 정치노선을 확립했던 것이다.

버크가 자신의 정치이론을 구축한 것은 이러한 시대 상황 속에서였다. 로킹엄파의 비판 대상은 의회 밖에서 영향력을 행사하는 국왕 조지 3세와 그 총신 뷰트였다. 이런 국왕의 영향력에 대항하기 위해서는 그들 스스로 정당으로서 단결하고 정권을 획득했을 때에는 주요 관직을 지배할 수밖에 없었다. 근대적 정당정치 이론 확립을 위해 버크가 로킹엄과 휘그의 입장에서 집필한 것이 『현재의 불만의 원인(*Thoughts on the Cause of the Present Discontents*)』(1770)이다.

『현재의 불만의 원인』

이미 서술한 바와 같이 조부나 증조부와는 달리 영국에서 태어났던 조지 3세는 스스로를 '애국 왕'이라 인식하며 친정을 지향했다. 후일 미국 독립을 허락하는 등 전제적이고 무능한 국왕으로 묘사되는 경우가 많았던 조지 3세는, 오늘날에는 선대왕과 비교했을 때 그렇게까지 돌출된 행동을 하지는 않았으나 휘그 사관(훗날 자유당으로 발전한 휘그 입장을 대변하는 사관. 19세기 영국의 정통 역사관으로 정착했다)에 의해 지나치게 부정적으로 그려졌다는 재평가의 목소리도 있다.

이는 뒤집어 생각해보면 조지 3세의 행동을 전제적인 것이라 비판하고 이에 대한 대항마로 정당정치를 확립하려 했던 버크의 언설 전략이 대단히 유효하게 기능했음을 의미한다. 『현재의 불만의 원인』은 정치적 팸플릿으로서 그 정도로 큰 성공을 거두었던 것이다.

이 책은 어떤 의미에서 음모론이다. 윌크스 사건을 비롯해 당시 영국은 정치적으로도 사회적으로도 혼란스러운 상태였는데 버크는 그 원인을 왕권의 정치개입에서 찾았다. 국왕 자신의 음모야말로 영국 정치를 위협하고 현재의 불만을 만들어내고 있다며 버크는 격렬한 왕권 비판을 전개했다.

그럼에도 불구하고 버크는 국왕 본인을 직접 비판하는 일은 신중하게 피해갔다. 버크가 비판의 창끝을 겨눈 것은 왕의 측근들이었다. '국왕의 벗' 즉 궁정파야말로 현실의 내각 배후에 존재하는 세력이며 실질적으로 인민의 견제를 받지 않는 또 하나의 내각을 형성하고 있다는 것이 버크의 주장이었다. 그는 막후 내각이 실권을 쥠으로써 이른바 '이중내각제' 체제가 형성된 것이 영국 사회의 불안, 나아가서는 식민지에 존재하는 불만의 원인임에 틀림없다고 주장했다.

명예혁명 이래 영국 정치의 최대 특징은 내각과 민중 사이에 의회가 존재하고, 특히 하원이 민중의 목소리와 정치 시스템을 잘 매개했다는 데 있다. 버크는 이렇게 논하면서 정치의 요체는 민중을 힘으로 억압하는 게 아니라 **그들의 성정**을 잘 이해하는 데 있다고 주장했다.

물론 민중은 오류 없는 존재가 아니다. 그들은 종종 그릇된 판단을 한다. 그러나 "그들과 지배자 사이의 그 어떤 항쟁에 있어서 적어도 절반은 민중 측 주장에도 타당성이 있다"(『현재의 불만의 원인』)는 점은 부정할 수 없다고 버크는 역설했다.

버크는 악정인지 아닌지에 대한 사람들의 감각적 판단은 틀리는 일이 거의 없다고 말한다. 사람들이 "이 정치는 무언가 잘못되었다"고 피부로 느낄 때 그 감각은 옳은 경우가 대부분이다. 그렇다면 민중이 권력에 의한 압박을 체감하고 자신들의 이해관계가 충분히 반영되고 있지 않다며 목소리를 높일 때 그 호소를 경시해서는 절대 안 된다. 정치는 반드시 공공의 원리와 국민이라는 기반 위에 성립돼야 한다는 것이 정치가 버크의 신념이었다.

이에 비해 국왕은 예전이었으면 자신의 '대권'에 의해 자신의 뜻을 실현하고자 했을 테지만 그것이 시대에 뒤떨어진 것이 되어버린 오늘, 보다 부드러운 '영향력'을 행사함으로써 정치를 움직이고자 한다.

왕은 자신의 총신을 공직에 임명하고 그들 '국왕의 벗'에게 실권을 쥐어주려 하지만, 이는 민중의 목소리를 피해 우회하는 정치와 다르지 않다. 자신의 '영향력'을 확대함으로써 의회를 종이호랑이로 만드는 국왕은 실로 영국의 정치 시스템(영국 헌정)을 파괴하고 있는 것이다. 정치는 절대 궁정 총신들의 은고나 사사로운 정 혹은 음모에 의해 이루어져서는 안 된다고 버크는 주장했다.

'정당'의 정의

모든 통치기관의 역사를 거슬러 올라가 보면 민중에 그 기원이 존재하는데 하원은 특히 "국민감정의 직접적인 거울"이라는 특징을 갖는다. 버크가 이를 설명하기 위한 키워드로 주목한 것이 '정당'이었다.

버크는 정당을 논함에 있어 고대 로마의 정치가 키케로의 『우정론』을 인용한다. 키케로에 의하면 우정과 애착의 근본적인 기반은 "조국에 같은 감정을 갖는" 것으로 버크는 이를 정당론으로 발전시켰다.

버크는 "정당이란 연대된 노력을 통하여 특정한 원리를 공유하고 이에 기반해 국가이익을 촉진하기 위해 통합된 사람들의 집단을 말한다"(『현재의 불만의 원인』)고 정의했다. 이 정의는 정당이 "특정한 원리"에 기반을 둔다고 명시하는 한편, 그 존재 이유가 어디까지나 "국가이익의 촉진"에 있다고 한다는 점에서 특징적이다. 버크의 이 정의에 따르면 원리가 존재하지 않는 단순한 야합은 정당이 아니며 국가와 완전히 적대하고 국가의 이익을 전면적으로 부정하는 집단 역시 정당이 아니다.

이러한 정당의 정의는 정치사상사에서도 획기적인 것이었다. 본래 정당과 파별은 특별히 구분되지 않았으며 양자 모두 사회 전체의 공공이익에 반하는 '부분 이익'으로 간주되어 왔기 때문이다. 이에 대해 버크는 정당을 국가이익의 촉진을 위해 특정 원리를 공유하는 집단이라 재정의함으로써 단순한 일시적 이해에 따라 생겨난 파벌과 구별하는 이론적 기초를 제공하였다.

"우정을 함양하고 적의를 받아들이는 것"(같은 책), 즉 정치적 신념을 공유하는 동지들을 늘림과 동시에 신념을 달리하는 집단과의 대결로부터 도망치지 않는 것. 버크는 여기에서 정치가와 정당의 역할의 발견한다.

물론 정당을 결속시키는 것이 신념뿐만은 아니다. 민중의 지지를 얻고 정권을 탈환했을 때에는 정당의 구성원이 공직을 차지한다. 정기적인 정권교체에 대한 기대야말로 정당의 도덕성을 유지하는 원동력이라고 버크는 이야기했다.

미국 독립 문제

그러나 버크에게는 국내문제만을 다룰 수 있을 만큼의 여유가 없었다. 그의 눈앞에는 지금 당장에라도 폭발할 것 같은 식민지 미국의 현실이 놓여 있었다.

1773년, 식민지 미국에서는 차조례(茶條例, tea act)를 제정한 본국 정부에 대한 반발이 높아져 갔고 보스턴 차 사건이 발생했다. 이에 대하여 영국의 여론은 강경한 태도를 표했지만 버크는 어디까지나 식민지의 주장을 옹호하는 논설을 펼쳤다.

1774년 봄 이래 버크는 계속해 미국과 관련된 중요한 연설을 했다. 그 주요 논지는 대미정책을 로킹엄 정권 시대의 것으로 돌려놓고 그에 따라 장기적 관점에서 영미간의 신뢰관계를 재구축하자는 것이었다.

버크가 무엇보다 중시했던 것은 미국인을 특징짓는 자유의 정신이었다. 흥미롭게도 버크의 연설로부터 반세기 후, 미국을 방문해 『미국의 민주주의』(1835, 1840)를 집필한 프랑스의 정치사상가 알렉시 드 토크빌(Alexis de Tocqueville, 1805~1859)은 미국인의 자유에 대해 버크와 완전히 같은 견해를 보이고 있다.

버크(그리고 토크빌)가 보기에 미국인은 자유를 사랑하는 영국인의 후예이며 미국인이 사랑하는 자유는 자유 일반이 아니라 영국식 자유의 이념이다. 게다가 그 자유는 결코 추상적인 것이 아니라 영국의 역사 속에서 한 걸음 한 걸음씩 만들어 온 것이었다. 식민지 미국 땅의 사람 역시 자유민으로 태어났으며 그들의 자유를 부정하는 것은 미국인과 영국인의 공통된 선조의 위업을 부정하는 것과 같다.

"미국인에게 자유가 허용되지 않는다는 것을 증명하려는 우리는, 필연적으로 자유 그 자체의 가치를 가벼이 여기는 파국에 이르게 될 것이다. 우리는 우리의 선조가 피 흘려 싸워 얻어낸 원리 일부를 공격하고 그 감정 일부를 조롱하지 않고서는 논쟁에서 결코 우위를 차지할 수 없을 것이다."(「식민지와의 화해 결의 제안에 관한 연설」)

인류가 역사적으로 투쟁하여 쟁취해 온 자유 중 가장 중요한 것은 과세문제와 관련되어 있다. 보스턴 차 사건을 계기로 일어선 이들은 "대표 없이 과세 없다"를 외치며 본국 의회의 횡포를 비판하고 있다.

무엇보다 사건의 배경에는 경영난에 빠진 동인도회사를 구제하기 위해 식민지에서의 찻잎 독점판매권을 쥐어준 영국 정부가 있다. 본래 단순한 특허회사에 지나지 않았던 이 회사는 영국이 인도를 실질적으로 식민지화한 덕분에 거대한 정치적 변수로 부상했다. 그 불투명한 경영방침을 훗날 버크는 호되게 비판하며 현지의 관습에 적합한 새로운 통치기구를 제안한다. 식민지 미국에서 들끓는 불만의 배경에도 역시 이 회사가 존재한다고 버크는 생각했다.

만일 과세가 가능한 대상이 미국에 존재한다면 미국인 스스로 과세하도록 그들에게 맡겨야 한다고 버크는 주장했다. 자유의 자손인 미국인들로부터 그 자유를 빼앗고 그들을 예속상태에 둔다면 이와 같은 통치는 결코 지속되지 못할 것이기 때문이다.

버크는 식민지 주민들을 비롯해 모든 사람은 자유로운 인간에게 걸맞은 경우(condition)에 있어야 한다고 힘주어 주장했다. 영국의 우월함은 미국의 자유와 양립하는 것이어야만 한다. 이를 버크는 자신의 정치적 과제로 삼았다.

제국의 통치

문제의 열쇠는 세계제국이 된 영국의 통치 시스템이었다. 영국 의회(그레이트브리튼 의회)는 본국을 통치하는 의회인 동시에 식민지를 포함한 대영제국 전체의 통치에 대해서도 책임을 갖게 되었다. 그러나 현실의 영국 의회는 자주 본국의 이해만을 중시하고 제국 전체의 조화와 안정을 돌아보지 않았다. 버크는 이것이 제국 전체의 불안정화를 가져왔다고 생각했다.

"그레이트브리튼 의회는 그 광대한 제국의 맹주로서 두 가지 자격 아래 군림한다. 하나는 이 섬나라의 국지적 입법기관으로서 국내의 온갖 사안을 직접적으로, 즉 집행권 그 자체를 통해서 제어하는 것. 그리고 또 다른 하나는 내가 한층 더 고귀한 역할이라 생각하는 것인데 소위 **제국적 성격**이라 불러야 하는 것이다. 본국은 천상의 왕좌와 같이 개개의 하위 입법기관을 총괄하고 감독하며 그것들을 조금도 파괴하는 일 없이 향도하고 통제하는 위치에 있다."(「미국에의 과세에 관한 연설」, 강조는 원문)

여기서 주목해야 할 것은 영국 의회가 전 제국을 통제해야 하는 위치에 있다고 버크가 힘주어 말했다는 사실이다. 버크는 식민지 미국에 대해 유화적인 자세를 취했지만 그것은 어디까지나 대영제국의 틀 안에 국한된 것이었다. 그는 결코 식민지 독립을 무조건 지지했던 것은 아니다. 미국 독립이 기정사실이 된 후에도 버크는 미국과 영국의 협조를 계속 중시하였는데, 이는 그렇게 하는 것이 영국 중심의 세계질서 안정에 기여한다는 그의 신념에 따른 것이었다. 버크는 "식민지 독립의 권리"라는 추상적 권리가 아니라 기존 제국 질서의 안정화라는 관점에서 미국 문제를 파악하고 있었던 것이다.

이런 측면에서 보았을 때 이른바 「브리스틀 연설」(1780)은 중요성을 가진다. 영국이 미국 문제로 들썩이는 와중에 브리스틀 선거구에서 하원의원 선거에 출마해 당선된 버크는 한 번 의원으로 선출된 이상 자신은 어디까지나 영국 국정 전체를 책임져야 하는 입장이며 선거구의 특정한 이해관계에 구속되지 않는다는 취지의 연설을 한다.

"여러분은 분명 대표를 선출하지만 일단 여러분이 그를 선출한 순간부터 그는 브리스틀의 구성원이 아니라 **영국 의회**의 구성원이 되는 겁니다."(「브리스틀 도착 및 투표종료에 부친 연설」, 강조는 원문) 브리스틀은 통상으로 번영한 도시였으나 대영제국 재편과정 속에서 그 지위가 점차 불안해지고 있었다. 결과적으로 선거구민은 브리스틀의 특권적 지위를 보전하기 위해 버크가 그들의 뜻을 대변해주기를 기대했다. 이에 대해 그는 어디까지나 영국 전체의 이익, 나아가 대영제국 전체의 이익이 중요하다고 설파한 것이다.

대표는 비록 선거구에서 선출된다 하더라도 국가 전체의 공공 이익을 생각해야만 한다. 현대의 민주적 국가에서조차 정치가가 입에 담기 쉽지 않은 정론(正論)이다. 버크는 이 말을 당선 직후, 그것도 유권자들을 앞에 둔 연설에서 했다. 제국 전체를 고려하는 정치가로서의 자부심을 가진 버크이기에 가능했던 발언일 것이다.

앞서 논했듯 버크는 고향 아일랜드의 권리를 위해 힘썼다. 그러나 그 원칙으로 삼았던 것은 역시나 영국적 자유였다. 버크는 말했다. "아일랜드를 정복한 것은 영국의 군사력이 아닌 영국의 헌정이다."(「식민지와의 화해 결의 제안에 관한 연설」) 그렇다면 아일랜드 역시 영국식 자유를 실현하기 위해 스스로를 대표하는 의회를 갖는 것이 당연하다. 버크는 아일랜드가 놓인 상황을 사실상 예속이 아니라 어디까지나 영국 질서의 일환으로 보려 했다. 이 점에서 버크의 논리는 일관돼 있었다고 할 수 있다.

버크는 후에 유럽 전체 질서에 관해 영국의 주도권을 전제로 하면서도 독립된 국가 간의 수평적 관계를 주장하는 '유럽 연방(commonwealth of Europe)'론을 펼쳤다. 다양한 국가들 간의 조화를 중시한다는 점에서 그의 질서관의 근본을 읽어낼 수 있을 것이다. 그 전제에는 자유의 정신이라는 공통된 문화가 있었다.

『프랑스 혁명에 관한 성찰』

프랑스 혁명 발발

지금까지 살펴본 바와 같이 버크는 국왕과 그 총신들에 의한 밀실정치를 비판하고 민의로 지탱되는 하원, 원리에 의해 결합된 정당의 역할을 강조한 자유의 투사였다. 단순한 식민지 독립론자가 아니라 대영제국 전체 질서와 균형을 중시한 정치가였으나, "우리들은 대표되고 있지 않다"는 식민지 주민들의 불만에 귀 기울이고 식민지에서 벌어지는 부정을 혹독하게 탄핵하는 인물이기도 했다. 아마 버크가 그대로 정치적 생애를 끝냈다면 "완고하지만 줏대 있는 자유주의자"라는 평과 함께 역사에 기록되었을 것이다. 그러나 그의 인생은 거기서 끝나지 않았다.

계기는 프랑스 혁명이었다. 후원자였던 로킹엄 후작이 사망한 후 로킹엄파를 계승한 찰스 폭스(Charles Fox)와의 관계가 좋지

않았던 버크는 사실상 정계에서 고립돼 있었지만 이 역사적 사
건을 계기로 다시 한 번 주목받게 된다. 혁명이 일어난 것은 그
가 60세 되던 해였다.

1789년 7월 14일, 파리 바스티유 감옥을 민중이 습격했다. 프
랑스 혁명의 시작이었다. 파리에 모여 있던 전국 삼부회 중 제
3신분을 중심으로 하는 이들은 국민의회를 선포하고 8월 26일
『인권선언』(정확히는 『인간과 시민의 권리선언』)을 채택했다. 신정부
는 계속해 가톨릭교회 재산의 국유화, 새 화폐인 아시냐 지폐의
발행 등을 단행했다.

이에 대해 버크는 즉각 반응했고 다음 해인 1790년 11월 『프
랑스 혁명에 관한 성찰』(이하 『성찰』이라 함)을 출판해 격렬한 반
혁명 논진을 펼치게 된다.

버크를 아는 이들에게 이는 의외의 행동이었다. 사실 『성찰』
집필의 계기가 된 것은 버크에게 혁명옹호론을 써달라고 부탁
하는 편지를 보낸 프랑스인 청년의 의뢰였다. 이 청년의 이름은
뒤퐁으로 이전에 버크와 만난 적이 있으며 그를 자유의 투사라
부르며 존경했던 인물이었다. 그런 뒤퐁에게 『성찰』은 예상과
는 정반대의 대답이었음이 틀림없다.

어쨌든 『성찰』은 거대한 반향을 불러일으켰고 프랑스 혁명에
반발하는 독자들의 압도적인 지지를 받는 동시에 혁명옹호파
로부터는 그만큼 격렬한 반발을 이끌어냈다. 특히 토머스 페인

(Thomas Paine, 1737~1809)과 이 문제를 두고 벌인 논쟁이 잘 알려져 있다. 본래 버크와 페인은 미국 문제에서 같은 입장을 취했던 맹우였다. 그러나 프랑스 혁명을 계기로 두 사람 사이는 벌어지게 되었고, 페인은『인간의 권리』를 집필해 버크에 대한 통렬한 반론을 펼쳤다.

보수주의의 구별

버크의 프랑스 혁명에 대한 반발을 어떻게 이해할 것인가. 여기에 보수주의를 이해하는 데 아주 중요한 열쇠가 숨어 있다.

참고로 '보수주의'라는 표현이 사용되기 시작한 것은 19세기 초반의 일이다. 즉 버크 시대에 이런 말은 존재하지 않았다.

1818년 프랑스에서 르네 샤토브리앙이『보수주의자』라는 잡지를 창간하였고 1830년대에는 영국에서 토리가 보수당이라 불리게 되었다. 키워드는 '보수(保守)하다(conserve)'였다. 본래 물건을 보존한다는 일반적인 의미로 쓰이던 이 단어가 정치적 이데올로기를 가리키는 용어로 전환되는 데 있어 큰 역할을 한 것은 말할 것도 없이 버크의『성찰』이었다.

여기서 "그렇다면 보수주의는 그 전까지는 존재하지 않았을까"라는 의문을 떠올리게 된다. 분명 용어로서의 '보수주의'가 태어난 것은 버크 이후이다. 그렇다면 그 이전에 보수주의적인 사고방식이나 행동양식은 전혀 존재하지 않았을까. 이런 의문을 자연스레 품게 될 것이다.

이 점에 대해 명확한 대답을 제시한 것은 20세기 헝가리의 지식사회학자 카를 만하임(Karl Mannheim)이다. 만하임에 따르면 보수주의는 단지 과거의 것을 묵수(墨守)하고 변화를 싫어한다는 의미에서의 보수 감정이나 전통주의와는 명백히 구별된다. 그런 지향성은 어느 시대에나 어떤 사회에서나 관찰될 수 있는 것이다.

반면 보수주의는 프랑스 혁명과 그 후 일어난 역동적인 변화에 자각적으로 대응하여 생겨난 것이다. 지켜야만 할 무언가가 위기에 처한 이상, 그것을 적극적으로 선별하고 지켜내야만 한다. 이러한 고도의 자각이야말로 보수주의를 낳은 원천이라고 만하임은 논했다. (『보수주의적 사고』)

이러한 만하임의 설명이 타당하다면 버크는 프랑스 혁명 속에서 전대미문의 새로운 위협을 발견했다는 말이 된다. 그것은 대체 무엇이었을까.

프랑스 혁명이란 무엇인가

버크가 『성찰』을 쓴 것은 프랑스 혁명의 최종적 귀결을 본 후가 아니다. 이 책은 혁명 발발로부터 겨우 1년 후, 그 행보가 어찌 될지 아직 불투명하던 시기에 발간되었다. 훗날 자코뱅파에 의한 공포정치나 나폴레옹 독재는 물론, 공화제가 성립하고 루이 16세와 마리 앙투아네트가 처형되기도 전의 일이다. 그렇다면 버크는 대체 왜 그토록 프랑스 혁명에 반대한 것일까. 우선 이 점부터 생각해 볼 필요가 있다.

버크는 『성찰』의 서두에서 이렇게 말했다. "내가 보기엔 마치 나 자신이 큰 위기에 빠져 있는 것처럼 보인다. 심지어 그 위기는 프랑스만의 문제가 아니라 온 유럽의, 아니 어쩌면 유럽 그 이상의 문제에 대한 위기일지도 모른다. 모든 정황을 종합해봤을 때 지금껏 세계에서 일어난 사건들 중 프랑스 혁명은 가장 경악스러운 일이다."(『성찰』)

프랑스 혁명은 전례 없는 것이었다고 버크는 말한다. 그렇다면 버크가 종종 존중할 만한 전례로 들던 영국의 명예혁명은 어땠을까. 이 혁명은 제임스 2세를 추방하고 그 딸 메리 2세와 남편 윌리엄 3세를 네덜란드로부터 맞아들인 것이었다. 실력행사를 통해 왕을 추방하고 외국에서 새 왕을 불러들인다는 점에서는 군사 쿠데타라 부를 수도 있다. 버크가 『성찰』을 썼던 시점엔 루이 16세는 아직 재위 상태였다는 점을 감안하면 명예혁명쪽이 더 심각한 사건이었다고 할 수도 있다.

이에 대해 버크는 윌리엄 왕의 즉위는 돌발적인 사태이기는 했으나 어디까지나 왕위계승법의 예외적 사태로 처리되었다는 점을 강조한다. 심지어 명예혁명에서는 왕위계승과 권리선언이 일체가 돼 선포되었다. 결과적으로 왕국의 기본적 원칙이 유지되면서도 신민의 권리 확인과 연동되었던 것이다. 버크는 이로부터 영국 헌정의 정교하고 절묘한 발전의 원천을 발견한다.

버크에게 있어 '보수(保守)한다'는 것은 낡은 것을 그대로 유지한다는 의미가 아니다. "변화의 수단을 갖지 않은 국가에겐 자신을 보존할 수단도 없는 법이다. 그런 수단이 없다면 그 국가가 가장 절실히 유지하고 싶어 하는 헌정상의 한 부분을 상실하는 위험에조차 빠질 수 있다."(같은 책)

변화할 수단을 갖지 않은 국가는 자기 자신을 지킬 수 없다. 여기에서 지키기 위해서는 바뀌어야 한다는, 역설처럼 들리는 보수주의의 신조(credo)가 태어났다. 명예혁명은 그런 의미에서 보수와 수정이라는 두 원리가 강하게 작동한 사례였다. 그 혁명은 어디까지나 왕국의 오래된 원리를 회복한다는 관점에서 이루어진 것이다.

반면 프랑스 혁명은 왕국의 과거 원리 회복은커녕 역사의 명확한 단절로서 이루어졌다는 점에 버크는 주목했다. 심지어 프랑스 혁명은 그 어떤 역사적 근거도 갖지 않는 추상적 원리에 기반을 두고 이루어졌다. 명예혁명이 '영국인의 권리', 즉 마그나 카르타 이래 영국에서 역사적으로 계승되어 온 것의 가치를 확인한 것이었다면 프랑스 인권선언은 '인간의 권리'에 입각한 것이었다.

아마 프랑스 혁명 이전에도 역사상 단절이라 불릴 만한 상황은 존재했을 것이다. 그러나 대부분의 경우 그 단절을 오히려 일시적 단절로 취급하고 다시 과거로 거슬러 올라감으로써 역사의 연속성을 확보하는 데 기여하였다. 반면 프랑스 혁명은 역사에 대한 완전히 새로운 태도를 제시했다. 단절을 오히려 긍정적인 것으로 여겼으며 새로운 원리에 기반을 둔 0에서의 재출발로 파악했다.

과거에서 회귀해야 할 모범을 추구하는 게 아니라 추상적 원리에 기반을 둔 미래로 도약하는 것, 버크를 뒤흔든 것은 이와 같은 사태였다.

과거의 계승

버크는 프랑스 혁명의 이런 모습 속에서 자기멸시를 보았다. 자신의 과거, 선조의 행위에 대한 경의를 가짐으로써 인간은 자기 자신을 존중할 수 있다. 그런데 프랑스 혁명은 자신의 과거와 완전히 결별하고 추상적인 원리에 기반을 둔 사회를 다시 만들려 하고 있다. 이는 자기존중의 정신을 부정하고 나아가 "자신을 존중하는 습관을 갖지 않은 인간"에게 권력을 넘겨주는 결과로 이어질 수 있다.

자신을 존중하는 정치가는 '좋은 평가'를 잃지 않으려고 자중하지만 어쩌다 권력을 손에 넣은 인간에게는 절도 있고 사려 깊은 행동을 기대할 수 없다. 이렇게 생각한 버크는 영국 내 급진파들을 비판했다. 그들은 프랑스 혁명을 모방해 입헌군주제 개혁을 단행하고 시민의 권리를 확대해야 한다고 주장했다. 「우리나라 사랑에 관한 논설」이라는 설교를 통해 주목받았던 유니테리언파 목사 리처드 프라이스(Richard Price)는 실로 그런 인물이었다. "영적인 정치학박사"라고 프라이스를 조롱한 버크는 그무엇보다 프라이스가 왕의 지위를 인민의 선택에 맡기려 한 것을 비판했다.

이미 논한 바와 같이 버크는 하원이 민의에 기반한다는 것을 강조했다. 따라서 그는 단순히 민주주의를 적대시하는 사상가는 아니었다. 그럼에도 불구하고 버크는 국왕의 지위를 인민의 선택에 맡기는 것을 인정하지 않았다. 국왕은 어디까지나 왕국의 시간을 초월한 연속성을 체현하는 존재이며 그 지위는 왕국의 기본법인 왕위계승법에 따라 결정되어야 한다고 생각했기 때문이다.

때에 따른 민의에 의한 선택이라는 불안정한 기초 위에 왕국을 세울 수는 없다. "절대적 민주정은 절대적 왕정만큼이나 정통성 없는 정치형태이다"(『성찰』)라는 의견을 버크는 지지했던 것이다.

버크에게 자유란 과거로부터 이어받아 미래에 물려줘야 할 '상속재산'이었다. 각 세대가 자신의 필요에 따라 이를 수정하는 것은 문제없다. 그러나 이를 토대로부터 분리시켜 인권이라는 추상적이고 철학적 원리에 기초시켜서는 안 된다는 것이 버크의 신념이었다. 그는 기하학적 스타일로 알려진 프랑스의 정원사를 야유하고, "프랑스 건축업자들은 눈에 보이는 건 그저 모두 쓰레기처럼 쓸어 담아 버려버린다"(같은 책)고 비판하였다.

버크가 인권이라는 이념 자체를 부정한 것은 아니다. 그러나 그것이 역사적으로 형성되고 사람들에게 제2의 '자연'이 된 사회 속에서 기능하기를 요구했던 것이다. 사회는 독자적인 작용 반작용으로 구성되는 우주와 같다. 그 조화를 꾀하기 위해서는 "현명한 주의(注意), 주도면밀함, 기질적이기보다는 도덕적인 소심함"(같은 책)이 필요하다고 버크는 주장했다.

사회와 인간성은 모두 복잡한 존재이다. 그렇다면 단순한 원리에 기초한 단순한 정부는 그 단순함만으로도 문제가 있는 것이다. "인간성은 복잡하며 사회의 목적은 지극히 복합적이다. (중략) 단순한 정부란 아무리 좋게 보려고 해도 근본적으로 결함이 있는 것이다."(같은 책)

편견과 습관

사회라는 복잡한 건축물의 전체를 꿰뚫어볼 수는 없다. 그렇다면 어떻게 이를 보존하고 개량해야 할까. 버크는 개인의 이성보다는 감성과 편견을 이용해야 한다고 말했다.

물론 버크가 이성을 부정했던 것은 아니다. 다만 그는 이성을 논하면서 일개 개인의 사변적, 추상적 이성을 과신하는 것을 비판했다. 인간의 이성은 취약한 것이며 한 사람의 이성이 할 수 있는 일에는 한계가 있다. 버크는 도리어 종종 편견이나 미신이라 불리는 인간 정신 활동이 이성을 보완하고 확장하는 잠재적 가능성을 지니고 있다고 보았다.

예를 들면 '편견(prejudice)'이 있다. 이 말은 문자 그대로 사람이 이미(pre) 일정한 판단(judge)을 갖고 있음을 의미한다. 그런 점에서 '선입견'이라 번역할 수도 있다. 보통 편견을 배제하고 사물을 판단하라고들 하지만 인간 정신이 모든 것을 늘 무(無)에 입각하여 바라볼 수는 없다. 아니, 오히려 많은 대상에 대해 사람들은 미리 판단을 내리고 이미 가지고 있던 기준에 따라 이해한다.

따라서 사람은 늘 중립적 입장에서 논리적으로 사고하는 것은 아니며 상당한 경우 이미 가지고 있던 도구를 활용해 상황에 대처한다. 그렇지 않으면 사고에 너무 많은 시간이 걸려 빠르게 변화하는 다양한 주변 환경에 적응할 수 없기 때문이다.

인간의 사고란 장시간에 걸쳐 점진적으로 발달한 것이며 반드시 합리적으로 설계된 것만은 아니다. 이렇게 생각하는 버크가 볼 때 계몽사상가들은 일단 편견과 미신을 타파하기만 하면 후퇴하는 일 없이 이성이 자연스레 지배적 위치에 설 것이라 생각했다는 점에서 근본적으로 오류를 가지고 있었다.

편견이나 미신이라 불리는 것들 중에는 역사적으로 축적된 경험이 반영된 경우가 많다. 이것들 모두가 옳다고 하는 것이 잘못이라면 이를 모두를 이성의 기준으로 버려버리는 것 또한 잘못된 것이다. 편견이나 미신이라 불리는 것들 중에서 유해한 부분을 제거하고 유효한 부분을 활용하는 것이 답이라고 버크는 주장했다.

"미신은 연약한 정신의 종교"이며 이성이 모든 모순을 조화시킬 수 없는 이상, 편견이나 미신이라 불리는 것들에 숨어 있는 지혜를 활용해야만 한다. "편견의 웃옷을 벗어던진 전라의 이성 외에 아무것도 남기지 않을 바에는 이성이 포함된 편견을 지속시키는 쪽이 훨씬 현명하다"(『성찰』)고 버크는 논했다.

습관 역시 인간의 이성을 확장시키는 것이다. 보통 습관이라고 하면 사고가 결여된 동일패턴의 반복이라 이해하지만 사회를 구성하는 다양한 집단에게 각자의 역할과 임무를 가르치고 편견 안에 숨겨진 지혜에 형태를 부여하는 것이 습관이다. 인간은 습관이라는 옷을 몸에 두름으로써 처음으로 인간이 된다. 그렇기에 예로부터 입법자라 불리는 이들은 시민생활의 다양한 측면을 관찰하고 그 습관으로부터 배우려 했다.

이에 비해 계몽사상은 인간사회의 모든 관계성을 벗겨버리고 개인을 추상적으로 바라본 데에 그 약점이 있었던 것이다.

종교와 '시효'

버크가 편견의 일종으로 존중하는 것이 종교이다. 버크는 교회제도를 "내가 가진 편견 중 제일가는 것이며 이는 이성이 결여된 편견이 아닌 내부에 심원 광대한 예지를 내포하고 있는 편견"(『성찰』)이라 말한다.

버크는 종교가 정치를 지배해야 한다거나 정교분리를 폐기해야 한다고는 주장하지 않는다. 그의 종교론은 어디까지나 **세속화 시대 이후의** 종교론이며 세속사회 내부에서 정치질서를 정당화하는 데 있어 교회의 기능에 주목할 뿐이다.

버크는 "국가, 가정, 묘비, 교회"를 강조한다. 사람들의 국가에 대한 친근함은 가정의 친근함과 선조에 대한 경의, 그리고 교회의 힘에 의해 유지되고 있다. 사람은 애초에 "종교적 동물"이며 "종교야말로 문명사회의 기초이며 모든 선, 모든 위안의 원천"(『성찰』)인 이상, 이는 자연스러운 귀결이라고도 주장했다.

인간의 삶에는 걱정과 불안함이 끊임없이 존재하고, 따라서 살아가기 위한 욕구를 마음속에 불러일으켜 줄 무언가가 늘 필요하다. 따라서 버크는 종교가 사라지는 일은 있을 수 없다고 했다. 그런 까닭에 성직자의 직위는 독립적이어야 하며 성직자가 고개를 의연히 들고 있음으로써 "국교제도에 의한 국가의 성역화는 자유로운 시민들에게 건전한 외경심을 갖게 한다"(같은 책)는 것이다.

버크의 독특한 개념 중 또 다른 하나는 '시효(prescription)'이다. 이는 영국인의 자유를 '상속재산'이라고 부른 것과도 관련이 있는데 버크에게 각종 권리는 역사적으로 인정받아 온 것이었다.

사람이 특정 토지를 오래 점유함으로써 그에 대한 소유권을 인정받는 것처럼 왕국 역시 설령 그 출발점이 정복행위였다 하더라도 그 후 오랜 기간 동안 평온하게 통치하고 사람들이 이에 복종하길 택함으로써 정통성을 획득한다. "시효야말로, 초창기에는 폭력적이었던 정부를 오랜 세월 관행을 통해 성숙시키고 합법성의 테두리 안으로 끌어들이는 것이다."(같은 책)

반대로 말하자면 시효에 의해 인정되어 온 권리를 권력을 통해 자의적으로 빼앗는 것은 폭력에 가깝다. 프랑스 신정부에 의한 재산 몰수나 그것을 담보로 한 아시냐 지폐의 발행은 이러한 시효에 기초한 질서를 파괴하는 것을 의미한다.

버크는 국가란 지금 살아있는 자들에 의해서만 구성되는 것이 아니라고 생각했다. "국가는 생존한 이들의 파트너십일 뿐 아니라 현존하는 이들, 이미 세상을 떠난 이들, 또 미래에 태어날 이들 사이의 파트너십이다."(같은 책) 지금 살고 있는 이들이 제멋대로 과거로부터 계승된 것을 부정하거나 미래 세대를 무시한 행위를 해서는 안 되는 것이다.

지금 살아있는 인간은 자신들이 사는 시대의 일밖에 알지 못한다. 따라서 현재라는 시간에 의해 제한된 인간의 이성은 과거와 미래의 세대에 의해 보완될 필요가 있다. 버크는 현재의 인간 관점을 시간 축을 따라 확장함으로써 보완하려 했다.

이와 같이 버크의 보수주의는 모든 것을 0에서부터 합리적으로 구축하려 하는 이성의 오만함을 비판한 것이었으며 한 사람이 가지는 이성의 한계를 편견이나 종교, 경험과 역사적 축적을 통해 보완해 나가려는 것이었다.

인간 사회는 결코 단선적으로 설계된 것이 아니라 역사 속에서 쉴 새 없이 또 미세하게 수정되며 적응하고 변화해 온 것이다. 따라서 이 사회가 세대를 거쳐 계승되어 온 것이며 또 미래 세대에게 이어져 가리라는 것을 잊어서는 안 된다. 버크의 보수주의는 거듭해 이를 주장했다.

제2장

사회주의와

싸우다

T. S. 엘리엇
'전통'의 재발견

문인들의 보수주의

18세기 후반, 에드먼드 버크에 의해 그 기초가 확립된 보수주의는 시대의 변화와 함께 새로운 전개를 보여준다. 이 경우에도 진보주의에의 의심 그리고 추상적 이념에 기초한 개혁에 대한 신중한 자세는 변하지 않았다. 인간 이성에 한계가 있다는 것, 사회와 문화가 세대를 거쳐 계승된다는 것 또한 계속해서 강조한다.

그러나 보수주의는 새로운 라이벌을 맞이하게 된다. 바로 사회주의다. 20세기의 보수주의는 한편으로는 러시아혁명에 의해 실현된 사회주의 국가에 대항하면서, 다른 한편으로는 자유주의 국가들 안에서 사회주의에 친근감을 표하는 지식인들을 비판했다. 그런 점에서 20세기 보수주의를 고찰할 때 러시아 혁명의 충격에 주목하는 것이 가장 중요한 과제라 할 수 있다.

다만 20세기의 보수주의를 고찰하려면 좁은 의미의 사회주의 비판보다 조금 더 시야를 넓힐 필요가 있다. 20세기 전반기의 보수주의는 (버크 시절과 마찬가지로) 영국을 주된 무대로 하는데 영국 보수주의의 기본적인 문제의식을 형성한 것은 문학자들, 혹은 문인들이었기 때문이다.

문인들의 보수주의라고 하면 기묘하게 들릴지도 모르겠다. 그러나 버크 자신이 미학 비평에서 출발했던 것처럼 영국 보수주의의 경우 정치와 미학은 종종 긴밀히 연결돼 있었다. "들어가며"에서 언급했던 윈스턴 처칠이 『제2차 세계대전』을 중심으로 한 작품들 덕에 노벨 문학상을 받았다는 것은 잘 알려져 있는 사실이며 그 외에도 영국의 역대 총리 중에는 문학작품을 남긴 이가 많다. 예를 들어 벤저민 디즈레일리는 정치가가 되기 전 소설가로 등단했었다.

정치가뿐만이 아니다. 19세기 영국을 대표하는 정치론으로 월터 배젓(Walter Bagehot)의 저작 『영국 헌정론(The English Constitution)』을 꼽는 이도 많을 것이다. 런던의 은행가 집안에 태어난 배젓은 정치, 경제뿐만 아니라 문예부터 인물에 이르기까지 폭넓게 논한 평론가로도 유명했다. 문학과 정치는 물론 경영까지도 한 사람의 인격 속에서 깊이 연결돼 있었던 것이다.

여기서 주의해야 할 것은 그들이 **정치적인** 문학작품을 집필한 것은 아니라는 점이다. 그들은 어렸을 때부터 문학을 가까이 하며 성장했고 문학작품이나 평론을 읽음으로써 얻은 감수성과 사고방식을 가지고 정치 그리고 사회와 마주했다고 봐야 한다. 이 정치와 문학 사이의 독특한 연결에야말로 영국 보수주의의 특징 중 하나가 숨어 있을지도 모르겠다.

따라서 20세기 영국의 보수주의를 논할 때 시인이자 평론가로 유명한 T. S. 엘리엇(T. S. Eliot, 1888~1965)의 작품을 살펴보는 것은 의미 있는 일이다. 미국에서 태어나 영국에서 활약했던 이 문인은 제3장에서 언급하겠지만 현대 미국 보수주의 부흥의 주역인 러셀 커크의 『보수주의 정신』에서 특별한 비중을 가지고 다뤄지고 있다.

참고로 커크는 한때 닉슨 대통령으로부터 조언을 요구받은 적이 있었다. 밖으로는 진흙탕 싸움이 되어버린 베트남 전쟁의 종결 문제로 고심하고 안으로는 베트남 전쟁 반대를 비롯한 다양한 사회 문제에 대한 대응책 강구로 궁지에 몰린 닉슨. 그는 커크에게 단순한 정책상의 조언을 넘어 보다 근본적인 문제에 대한 시사점을 요구했을 것이다. 그때 책을 한 권 추천해달라는 부탁을 받은 커크가 권한 것이 바로 엘리엇의 『문화 정의론 (*Notes Towards the Definition of Culture*)』(1948)이다.(『추적! 미국의 사상가들』)

엘리엇의 보수주의를 논하기 위해서는 『문화 정의론』만큼

이나 유명한 평론 「전통과 개인의 재능(Tradition and the Individual Talent)」(1919)을 살펴볼 필요가 있다. 두 저서를 중심으로 엘리엇의 사상을 개괄해 보려 한다.

전통이란 무엇인가

엘리엇이 강조하는 것은 전통이다. 도대체 전통이란 무엇인가. 이 책의 앞부분에서 논했듯 흔히 전통은 진보와 대조된다. 진보가 미래를 향한 사회의 변혁이라면, 전통은 과거를 계승하는 것이다. 이렇게 본다면 둘의 벡터는 반대방향을 향하고 있으며, 서로 공존할 수 없는 것처럼 보인다. 엘리엇은 이러한 전통과 진보의 이항대립에 도전장을 내밀었다.

엘리엇은 하나의 문화가 진정 새로운 것을 창조하기 위해서는 오히려 전통이 필요하다고 했다. 즉 전통이란 과거로부터 이어받아 미래로 물려줘야 하는 무언가이다. 한 개인, 한 세대는 죽음을 피할 수 없다. 그러나 한 사람 혹은 한 세대가 만들어낸 문화는 개인의 생애와 시대를 초월해 계승되어 향후 미래 세대를 형성해 간다. 문화가 하나의 전통이 되었을 때 그것은 사람의 손에 의해 만들어진 것임에도 불구하고 결국 사람을 만들어가게 된다. 결국 전통이 있기에 인간은 그것을 손질하고 변화시켜 미래 세대에게 전달할 수도 있는 것이다.

엘리엇은 "그럼 우리 가 봅시다, 그대와 나/함께 수술대 위에 올라 마취당한 환자처럼"(「J. 앨프레드 프루프록의 연가」)처럼 전위적인 표현으로 알려진 시인이다. 그런데 31세 때 쓴 「전통과 개인의 재능」에서 그는 오히려 전통의 의의와 중요성을 강조하고 있다.

"전통이란 첫째, 25세를 넘겨서도 계속해서 시인이고자 하는 이라면 누구나 무시해서는 안 될 역사적 의의를 가지고 있다."(「전통과 개인의 재능」), 즉 시인을 포함한 예술가들은 자기 스스로 호메로스 이래의 문학적 전통의 흐름 속에 존재하고 있다는 것을 자각하고 자기 자신을 그 전통 속에 위치지음으로써 비로소 그 현대성을 예민하게 포착할 수 있다. 거듭 말하자면 전통이란 고정된 것이 아니라 현대의 시간 속에서 새로운 것을 추가하며 갱신해 나가는 것이다.

그런 점에서 엘리엇에게 있어 '개성'이란 그 자체로는 의미를 가지지 않았다. 예술가가 자기만의 생각과 정서를 표현하는 데 그친다면 그저 조잡하고 평범할 뿐이다. 자신이 받은 인상과 경험을 과거로부터의 전통이 가진 여러 관계들과 매개시켜 새로운 조합을 만들어내는 것이 시인을 포함한 예술가들의 역할이다. 전통이란 과거로부터 미래로 계승되는 것이며 끊임없이 자기 자신을 혁신하는 운동이다. 그리고 전통은 일개 국가 안에 갇힌 것이 아니라 그것을 초월하는 시간적 폭과 깊이를 갖는 것이어야만 한다.

이러한 엘리엇의 전통론을 이해하기 위해서는 또 다른 문인 G. K. 체스터턴(G. K. Chesterton, 1874~1936)의 『정통(*Orthodoxy*)』(1908)을 언급해 두는 것이 좋을 듯하다. 〈브라운 신부 시리즈〉로 알려진 작가 체스터턴은 이 유명한 에세이 속에서 전통, 나아가 정통(orthodoxy)에 대해 독자적 논지를 전개하고 있다.

체스터턴은 유물론을 시작으로 하는 현대의 급진적 이론들이 이성만을 자기 완결적으로 믿기 때문에 오히려 광기에 빠졌다 지적한다. 자기 한 사람의 이성을 넘어서는 것의 존재를 자각함과 동시에 자기 안의 상호 모순되는 복잡한 감정을 지각할 필요가 있다.

이렇게 주장하는 체스터턴은 민주주의와 전통 역시 결코 모순한 것은 아니라고 말한다. "전통이란 민주주의를 시간 축에 따라 과거로 확장한 것임이 분명하다. (중략) 무언가 고립된 기록, 우연히 펼쳐든 기록을 신용하지 말고 과거의 평범한 인간들의 공통된 여론을 믿으라—그것이 곧 전통일 것이기에."(『정통』) 버크가 국가란 "생존한 이들의 파트너십일 뿐 아니라, 현존하는 이들, 이미 세상을 떠난 이들, 또 미래에 태어날 이들 사이의 파트너십"이라 말한 것처럼 체스터턴 역시 전통을 "죽은 이들의 민주주의"라 바꿔 말한다. 현재 세대뿐 아니라 과거의 보통 사람들의 감각을 존중하는 것이 그에게 있어서 전통이었던 것이다.

그렇다면 체스터턴이 생각하는 정통이란 무엇이었을까. 그에게 정통이란 온전한 정신 상태를 의미하는 것이었다. 즉 이성만을 믿은 나머지 광기에 빠지지 않고 "인간은 무한히 진보한다"는 자기만족적 교설에 매달리지 않으며 초월적인 신을 앞에 두고 자기 자신을 한정하는 것이야말로 정통이다.

신을 회의하는 것이 자유사상이 아니라 이러한 정통의 입장을 유지하는 것이야말로 자유와 혁신으로 이어진다. 현세만을 믿는 인간은 현세 그 자체를 이해하지 못한다. 현세를 초월하는 것을 믿음으로써만 오히려 현세를 이해하고 그것을 바꾸어 나갈 수 있다. 진정 세속적이기 위해서는 초월적인 것을 믿어야만 한다고 체스터턴은 주장했다.

문화와 집단

엘리엇으로 돌아가 보자. 특히 『문화 정의론』을 참고해 그의 문화론을 살펴보고자 한다. 이 책의 논점들 중 하나는 문화와 집단의 연결이다. 문화란 개인 혼자 짊어지고 있는 것이 아니라 계급이나 가족 등 집단에 의해 지탱된다. 이러한 집단의 문화는 나아가 사회 전체의 문화에 기반하고 있다. 엘리엇은 문화에 관한 비개인주의적 이해를 제시한 것이다.

이러한 엘리엇을 주장은 당대에 이미 반발을 샀다. 이를테면 『1984』나 『동물농장』으로 잘 알려진 작가 조지 오웰은 『옵서버』지에 엘리엇의 논의를 계급 옹호적이라 비판하는 서평을 실었다. 귀족계급과 부르주아 계급이 각자의 문화를 갖는 것을 긍정적으로 논하는 엘리엇에게는 분명 문화적 위신을 동반한 계급지배를 정당화하는 것이라 오해할 소지가 있었다.

그럼에도 불구하고 엘리엇의 담론을 단순한 엘리트 문화론으로 이해하는 것은 다소 표면적인 이해가 아닐까. 실제로 엘리엇은 민중에게는 민중의 문화가 있으며 그것을 존중할 것을 주장하고 있기 때문이다. 문제는 일반적으로 문화라는 것이 과연 계급 등의 집단이 담당할 대상인가, 그 여부에 있다.

엘리엇에게 문화란 단순히 이런저런 활동을 가리키는 것이 아니다. 오히려 "하나의 통일성 있는 삶의 방식"(『문화 정의론』)에 가깝다. 문화란 한 집단의 고유한 태도나 행동의 스타일일 뿐 아니라 미의식과 지혜, 판단력, 심지어는 요리법까지도 포함하는 것이다. (엘리엇은 요리법에 대한 무관심을 영국 문화 쇠퇴의 방증이라 보았다.) 이런 문화는 종종 집단의 특정인물로 인해서 체현되기는 하지만 어디까지나 집단 전체에 의해 유지, 발전되는 것이라고 엘리엇은 생각했다.

엘리엇이 문화 전달의 가장 중요한 경로로 생각했던 것이 가족이다. 물론 가족이 유일한 경로는 아니다. 학교를 포함한 다양한 단체들 속에서 사람들은 일정한 규범과 예법을 몸에 익힌다. 그러나 그 누구도 유년 시절의 환경 속에서 몸에 익힌 문화의 영향으로부터 완전히 벗어날 수는 없다. 사람이 특정한 '삶의 방식'을 획득하는 것은 가족을 통해서다. "가족이 제 역할을 하지 못하게 된다면 우리는 문화 쇠퇴를 각오해야 한다"(같은 책)고 말한다.

엘리엇은 이렇게 형성된 집단의 문화가 반드시 계급이나 이른바 엘리트와 합치하는 것은 아니라는 것을 인정한다. 그리고 계급에 있어서도 늘 추가와 이탈이 있어야 한다고 말한다. 그럼에도 불구하고 엘리엇은 한 나라가 다양한 집단문화에 의해 구성되고, 각각의 문화가 서로 자신만의 영역에 고립되지 않고 밀접하게 연결되는 것이 중요하다고 생각했다. 각각의 집단문화가 단편화해 상호 의사소통을 중단할 때 그 나라 전체 문화는 붕괴를 향해 나아가게 된다.

"한 나라의 문화가 번영하기 위해서는, 국민은 지나치게 통일되어서도 지나치게 분열되어서도 안 된다."(같은 책) 이와 같이 논하는 엘리엇은 집단뿐만 아니라 저마다의 지역이 독특한 문화를 보전하고 유지하는 것이 중요하다고 생각했다. 인간의 충성심은 하나의 대상에 한정된 것이 아니다. 각각의 인간이 자신을 한 나라의 한 시민으로서 느낄 뿐만 아니라 한 지역의 주민으로서 그 지역에 충성심을 가지는 것도 중요하기 때문이다.

그렇다고 해서 이미 사라지거나 사라지려 하는 오래된 지역 문화를 부활시키기란 어렵다. 엘리엇이 중시한 것은 문화의 오랜 뿌리를 토대로 현대에 적합한 문화를 육성하는 것이었다. 지역의 독특한 문화가 보전되어 주위 문화와 조화를 이루고 서로를 풍부하게 만드는 것과 동시에 공통 문화가 발전할 때 한 나라의 문화는 풍요로워진다.

유럽 문화의 통일성

한 나라의 문화는 다양한 계급과 지역의 문화에 의해 구성됨과 동시에 보다 상위의 세계문화와 맞닿아 있어야 한다. 엘리엇은 아일랜드와 스코틀랜드, 웨일스의 문화가 잉글랜드 문화와의 연결을 바탕으로 보다 더 큰 유럽 문화의 한 부분을 담당하는 것이 중요하다고 생각했다. 바꿔 말하자면 유럽 문화는 획일적이어서는 안 된다는 것이 엘리엇의 확신이었다.

이는 시인인 엘리엇에게 본질적 중요성을 가지고 있었다. 즉, 그가 보기에 영어로 쓰인 시의 특성과 풍부함은 영어가 유럽의 다양한 언어로 합성된 것에서 유래하기 때문이다. 색슨족(앵글족과 함께 브리튼 섬에 침입한 게르만 민족의 하나로 영국의 기초를 만들었다)의 운율, 노르만 프랑스(노르만 정복의 중심이 된, 프랑스화된 노르만인)의 운율, 웨일스의 운율, 거기 더해 라틴어와 그리스어 시연구에 의해 영국 시는 풍부해졌다고 엘리엇은 강조한다.

시를 포함한 일체의 문화 활동은 이웃 모든 나라에서 다른 언어로 달성된 성과를 반영한다. "유럽의 나라들이 서로 분리된 상태에서 시인들이 자국어로 쓰인 문학 이외의 문학을 더 이상 읽지 않는다면 많은 나라의 시는 쇠퇴할 수밖에 없다."(『문화 정의론』) 유럽 문화의 일체성은 그 다양성에 의해 지탱되는 것이다.

흥미로운 점은 엘리엇이 영국 문화를 하위문화(subculture)로 위치시킨다는 것이다. 그에게 영국 교회가 로마 가톨릭교회로부터 독립한 것은 이른바 영국 문화가 유럽의 지배적 중심 문화(또는 주류 문화, main culture)로부터 이탈했다는 것을 의미했다. 그런 의미에서 영국 문화는 실로 **하위**문화였다.(이 경우 '하위문화'는 물론 현대 일본에서 말하는 '서브컬처'와 다르다. 어디까지 유럽의 지배적 중심적 문화에 대한 하위문화로서 영국 문화를 의미한다.)

이 경우 엘리엇은 영국의 이탈을 좋았다, 혹은 나빴다고 평가하려는 의도는 없다고 강조한다. 또한 하위문화가 반드시 주류 문화에 비해 뒤떨어진다고도 하지 않았다. 단지 그는 주류 문화로부터 이탈함으로써 하위문화가 손상됨과 동시에 주류 문화 또한 구성요소를 잃고 상처 입었다 서술할 뿐이다. 여기에서 유럽과 영국의 관계에 관한 그만의 특징적인 평가를 발견할 수 있을 것이다. 실제로 미국에서 영국으로 건너가며 엘리엇은 그동안 친근감을 숨기지 않았던 가톨릭이 아니라 영국 국교도가 되길 선택했다.

공통감각

이 절의 머리에서 "문인들의 보수주의", 나아가서는 "문학과 평론을 읽는 것으로 획득한 감수성과 사고방식을 가지고 정치 그리고 사회와 마주한다."는 표현을 사용했다. 이런 영국 보수주의의 가장 아래 부분에 존재하는 것을 '코먼 센스(common sense)의 철학'이라 부를 수 있을 것이다. 이 경우 '코먼 센스'는 '상식'을 의미하지만 굳이 '공통감각'이라는 번역어를 부여하는 것도 가능하다. 이 말의 기원이 원래 인간 오감(시각, 청각, 촉각, 미각, 후각)의 기저에 존재하며 이들을 통합하는 감각을 의미했기 때문이다. 아리스토텔레스의 철학에 유래, 중세에는 '센수스 코무니스(sensus communis)'로 불린 이 개념을 계승하는 것이 '코먼 센스'다. 이는 상식을 의미하는 동시에 인간의 다양한 감각을 통합하는 공통감각(제6감, 내부감각)이기도 했다.

아주 흥미롭게도 이 '코먼 센스'를 번역하며 굳이 '공통감각'이라는 단어를 사용한 이가 있다. 바로 엘리엇을 일본에 소개한 영문학자 후카세 모토히로(深瀬基寬, 1869~1966)다. 그는 「공통감각에 관하여」라는 글에서 엘리엇을 논하며 모든 예술과 문화는 이 공통감각이라는 근원적 감각의 전통에 기반을 두지 않는 이상 발전은 불가능하다고 서술하고 있다. 배젓의 『영국 헌정론』을 번역하기도 한 후카세는 나아가 그 서두의 한 문장을 논하며 다음과 같이 말한다. "'오랜 역사를 가지고 있으면서도 끊임없이 변해가는 국가를 젊은 시절 유행했던 옷을 지금까지도 애착을 버리지 못하고 입고 다니는 노인에 비유할 수 있을까? 보기에는 조금도 변하지 않았지만 보이지 않는 곳은 완전히 변해버렸다.' 배젓의 이데올로기 또한 19세기의 낡은 것이었으나 감각은 이상하게도 신선하지요. 그러니까 영국의 국가 본질을 이런 말로 표현하는 감각입니다. 그것이 바로 영국적 공통감각입니다."(「공통감각에 관하여」)라고 서술하고 있다.

후카세는 나아가 이 공통감각의 연장선상에 '유머' 감각을 위치시킨다. "대화 상대의 입장이나 공통감각의 거울에 자신을 비추어 그 입장에서 한 번 더 자신을 뒤돌아보는 데서 생기는 것이 바로 유머의 정체입니다."(같은 글) 유머는 공통감각에 기초한 자기반성에서 생기는 것으로 정치와도 밀접한 관계를 가지고 있다. 즉 "공통감각의 정치적 표현이 의회정치라면, 회의장에서 벌어지는 싸움의 모순을 웃어넘길 **수 있는** 능력이 유머 감각이다. 논리적으로 셰익스피어의 나라이기 때문에야말로 의회정치가 역사상 최초로 탄생한 것이다."(같은 글, 강조는 원문)

엘리엇으로 대표되는 영국 보수주의의 기반에 있는 것은 이와 같은 공통감각이고 전통 관념이며 나아가서는 유머 감각이라 할 수 있다. 즉 이와 같은 공통감각이 상실돼 이데올로기가 그 무엇도 서로 공유하지 않은 채 충돌할 때 정치적 공백이 생기며 질서 붕괴가 시작된다. 이러한 위기의식이야말로 20세기 전반 영국 보수주의의 기조를 이루었다.

하이에크
지(知)의 유한성과 회의

하이에크는 보수주의자인가

이어서 오스트리아 출신으로 훗날 영국과 미국에서 활동한 경제학자 프리드리히 하이에크(Friedrich Hayek, 1899~1992)에 관해 검토하고자 한다. 이미 논한 것처럼 만약 20세기 보수주의의 최대 테마가 사회주의와의 대결이었다고 한다면 그 대표적인 인물로 하이에크를 빼놓을 수 없다.

하이에크는 젊은 시절 사회주의 계산논쟁을 시작으로 사회주의에 가차 없는 비판을 한 인물로 알려져 있다. 이 논쟁은 하이에크의 스승이기도 한 루트비히 폰 미제스(Ludwig von Mises) 등이 전개한 것으로 사회주의 계획경제 아래에서 과연 효율적인 자원분배가 가능한가라는 문제를 둘러싸고 벌어진 것이었다. 시장과 가격을 배제하고 정부가 생산량을 결정하는 사회주의 경제는 필연적으로 비효율적이 될 수밖에 없는가. 그렇지 않다면 정부가 다양한 가계와 기업의 정보를 수집하는 것으로 적절한 가격을 계산할 수 있는가. 이를 위해 필요한 계산량은 막대하기에 정부가 모든 정보를 손에 넣을 수 있다고 상정하는 것은 비현실적이라 주장하며 이 논쟁에 참가한 이가 하이에크다.

사회에서 고려해야만 하는 정보의 양은 막대하다. 그러나 정부를 포함한 모든 주체는 그 모든 것을 파악하기에 역부족이다. 따라서 사람들은 시장 가격을 통해 파악되는 가계와 기업의 수요, 공급 등의 정보를 활용할 수밖에 없다. 어떻게 보면 지식사회학적 시점에서 논의에 접근한 이 관점은 그 후 하이에크 인생 후반기의 독자적 정치철학 구상으로 발전했다.

그러나 과연 하이에크를 보수주의 문맥에 포함시키는 것이 타당할까. 실제 하이에크는 스스로를 자유주의자로 칭했으며 보수주의자임을 명확히 부정했다. 그가 남긴 에세이 「나는 왜 보수주의자가 아닌가(Why I Am Not a Conservative)」는 제목대로 그 점을 분명히 하고 있다. 이 에세이를 먼저 살펴볼 필요가 있겠다.

이 글에서 하이에크는 보수주의에 공감을 표하면서도 자신이 어디까지나 자유주의자임을 강조한다. 다만 그와 동시에 현대에서 일반적으로 말하는 자유주의와 자신의 자유주의가 다르다는 것도 지적하고 있다. 즉 하이에크 자신이 사회주의자가 아님을 명확히 하고는 있지만 자유주의와 보수주의라는 일반적

이분법으로는 자신을 적절히 위치시킬 수 없다 고백하는 것이다. 이는 실로 흥미로운 발언이라 할 수 있겠다.

변화를 환영하는 자유주의

왜 하이에크는 자신을 보수주의자라고 일컫지 않는가. "그것은 보수주의가 바로 그 본질에 의해 우리가 나아가고 있는 방향을 대신할 다른 길을 제시하는 것이 불가능하기 때문이다. 보수주의는 시대의 경향에 대한 저항을 통해 바람직하지 않은 발전을 감속시키는 데는 성공할 수도 있으나 다른 방향을 제시하지 않기에 그 경향이 지속되는 것을 막을 수는 없다."(「나는 왜 보수주의자가 아닌가」) 즉, 보수주의는 감속장치를 작동시킬 뿐 미래를 향한 가속기능을 결여하고 있다는 것이다.

이에 비해 자유주의는 결코 변화에 소극적인 주의(主義)는 아니라고 하이에크는 말한다. 자유주의는 오히려 변화를 환영한다. 물론 모든 변화가 바람직하다는 것은 아니다. 그러나 장기적으로 봤을 때, 인간의 노력을 통해 새로운 수단을 생산하고 지식을 진전시켜 나가지 않는다면 사회 문제와 곤란은 해결되지 않는다. 그런 의미에서 진화에 의한 변화를 꺼리지 않는 것이 자유주의의 특징이라고 하이에크는 주장했다.

다만, 정부의 통제에 의해 설계된 변화는 하이에크가 말하는 진화가 아니다. 변화는 어디까지나 사람들이 자발적으로 만들어낸 것—자생적(spontaneous)인 것—이어야만 한다는 것이 하이에크의 요점이다. 진화는 결코 계획할 수 없다.

인간 이성에는 한계가 있기에 모든 것을 간파할 수 없다. 그렇기 때문에 각 개인이 자기 나름대로 행복을 추구해야 하며 따라서 관용은 중요하다. 하이에크는 이 점에서 보수주의와 자유주의의 접점과 차이를 발견했다. 분명 보수주의 또한 인간 이성에 대한 과신을 비판한다. 그러나 보수주의가 어디까지나 계층질서를 선호하고 특정 계층의 인물이 지도적 위치에 자리매김하길 주장하는 데 반해, 자유주의는 엘리트의 존재를 부정하지는 않지만 누가 엘리트인지를 미리 결정하지는 않는다고 하이에크는 논한다.

하이에크가 부정하는 것은 변화를 거부하고 계층질서를 고집하는 보수주의였다고 해야 할 것이다. 만약 보수주의가 이와 같은 것이 아니라 개인의 자유와 그에 기초한 변화를 허용하는 것이라면 하이에크에게 보수주의를 거부할 이유는 없다. 예를 들어, 이 글에서 하이에크는 버크를 언급하며 그에 대한 공감을 숨기지 않는다. 버크는 하이에크에게 어디까지나 휘그이며 자유주의자였다. 버크를 보수주의의 정통으로 보는 이 책의 시선에서 본다면 하이에크도 그 계승자로서의 일면을 가지고 있다 할 수 있지 않을까.

『노예의 길』

이 점을 염두에 두고 하이에크의 이름을 세계적으로 알린 『노예의 길(*The Road to Serfdom*)』(1944)을 검토하고자 한다. 경제학자로 출발한 하이에크는 사회주의 계산논쟁에 이어 화폐를 둘러싼 케인스와의 논쟁을 통해 주목받았다. 그러나 하이에크의 이름을 일반 독자들에게까지 널리 알린 것은 역시 『노예의 길』이었다.

이 저작을 통해서 하이에크는 국제적 지명도를 높일 수 있었고 특히 미국에서 큰 반향을 불러일으켰다. 훗날 하이에크는 시카고 대학교에 재직하게 되었고 그 활약의 장을 미국으로 옮기게 된다. 미국 땅에서 『자유의 구조(*The Constitution of Liberty*)』(1960), 『법, 입법, 그리고 자유(*Law, Legislation, and Liberty*)』(1973~1979) 등의 명저를 차례차례 발표한 결과 하이에크는 경제학자로서뿐만 아니라 정치학자, 나아가 한 명의 독자적 사상가로서 높은 평가를 받게 된다.

그러나 하이에크를 20세기의 사상적 문맥에서 파악하고자 할 때, 먼저 고려해야 할 것은 1944년이라는 시점에 이루어진 전체주의와의 대결일 것이다.

그는 1974년에 노벨 경제학상을 수상했다. 또한 1979년 대처가 영국 총리 취임 당시 그의 저작을 언급했기에 하이에크가 20

세기 마지막 사반세기 동안 한 번 더 '화제의 인물'이 되었다는 점에는 의문의 여지가 없다. 당시에는 오직 복지국가를 비판하고 시장 메커니즘을 강조하는 현대 신자유주의 선구자의 한 사람으로 여겨지는 경우가 많았다.

그럼에도 불구하고 하이에크를 '시장의 사상가'라는 현재적 틀에서만 이해하는 것은 문제가 있다. 하이에크의 저작을 읽어 보면 알겠지만 그는 교조적 자유방임주의(Laissez-Faire)에 비판적이며 빈곤자의 구제 등 정부가 일정한 사회보장 기능을 담당하는 것을 부정하지 않는다. 그런 의미에서 오직 시장의 의의를 강조하고 정부 역할을 부정한 신자유주의자 상(像)은 그에게 어울리지 않는다. 본디 그의 논의 는 '큰 정부'인가 '작은 정부'인가라는 축으로 이루어진 것만은 아니었다. 이어서 검토하겠지만 '자생적 질서'와 '법의 지배'야말로 그가 가장 중시한 가치였다.

1944년, 하이에크가 『노예의 길』을 발표한 것은 제2차 세계 대전 종료를 눈앞에 두고 그 후의 세계 질서를 전망하기 위한 것이었다. 『노예의 길』은 나치 독일의 전체주의를 신랄하게 비판했다. 동시에 그곳에서 목격한 '집산주의'라는 발상이 결코 독일만의 것이 아니라 사회주의 국가와 사회주의에 공감하는 지식인에게 널리 공유되어 있다는 것에 강한 경고를 표했다. 그 결과 이 저작은 냉전에 접어들기 시작한 시대의 문맥 속에서 읽히게 되었다.

따라서 1942년 베버리지 보고서(Beveridge Report: 영국의 사회보장 제도의 기초가 된 조사보고)가 제출되고 전후 클레멘트 애틀리 정권에 의해 '요람에서 무덤까지'로 대표되는 복지국가에의 길을 걷기 시작한 영국에 대한 경고장이었던 『노예의 길』, 이 책이 오히려 미국에서 큰 관심을 불러일으킨 것도 결코 우연은 아닐 것이다. 전체주의라는 이름 아래 독일 나치즘과 사회주의를 동시에 표적으로 삼았다는 점에서 하이에크는 한나 아렌트와 마찬가지로 '냉전 지식인'으로 여겨졌다.

유럽 사상의 이념 흐름

『노예의 길』에서 이목을 끄는 것은 하이에크의 독자적 '사상사(思想史)'이다. 하이에크는 전체주의 문제를 고찰하며 유럽 사상에 있어서의 이념의 커다란 흐름을 전망한다. 특히 주목해야 할 것은 영국과 독일 사상의 상호 영향과 프랑스 사상에 대한 독자적 평가다.

하이에크가 의거한 한 것은 유럽의 개인주의 전통이다. 각 개인의 자발적이며 관리되지 않은 노력의 결과로 복잡한 질서가 탄생한다. 이 경우 질서는 개인행동의 소산이지만 의도된 결과는 아니다. 이를 이론화한 이는 애덤 스미스 등 스코틀랜드의 사상가들이었다. 하이에크 또한 스미스와 흄 그리고 이미 살펴본 버크 이래의 사상적 전통의 연속선상에 있음을 자랑스럽게 여겼다. 하이에크에 따르면 이 전통은 영국에서 발전, 그 후 200년에 걸쳐 동쪽으로 확대되었다.

그러나 "1870년 즈음에 이 자유주의 사상의 지배는 가장 동쪽 끝까지 도달하게 된다. 그리고 그 이후 이 사상은 퇴각을 시작했고 이를 대체하고자 완전히 다른 일련의 사상—실은 그것은 새롭지 않으며 오히려 극히 오래된 사상이다—이 이번에는 동쪽에서 반대 방향으로 확대되기 시작했다."(『노예의 길』) 그 결과 영국은 오히려 사상 수입국으로 전락해버렸다고 하이에크는 말한다.

이 시기를 경계로 오히려 독일 지식인의 패권이 눈에 띄기 시작한다. 헤겔과 마르크스, 리스트와 슈몰러, 좀바르트와 만하임. 과격한 사회주의와 보다 온건한 '조직화'와 '계획'이라는 차이는 있으나 크게 보자면 독일 지식인이 영국에서도 영향력을 확대하고 있었다. 그들은 질서를 의도에 따라 통제 가능한 것으로 생각했다는 점에서 일치한다.

하이에크가 보기에 이런 전환의 원류에 있는 것이 프랑스의 사상가였다. 그의 머릿속에 있었던 이들은 생시몽 등 사회주의 사상가였다. 그들은 사회를 계획적으로 개조하고 사회의 모든 힘을 '정신적 지배력'에 복종시키려 했다. 그때 핵심이 된 것이 '새로운 자유'라는 주장이었다. 이 주장의 내용은 부의 평등한

분배라는 오래된 요구였으나 그들은 이를 '자유'의 이름 아래 주장했다. 그 결과 '자유' 개념의 내실이 변화하기 시작했다. 계획에 기초해 사람들의 경우(condition)를 개선해 나가는 것은 최종적으로 각 개인의 자유에 이바지한다. 하이에크는 20세기의 자유주의(리버럴리즘)의 의미 전환이 여기에 배태해 있다고 생각했다.

집산주의 비판

그러나 하이에크가 문제시한 것은 사회정의 실현이라는 사회주의의 이념이 아니었다. 이 이념에 관해 하이에크는 꼭 반대하지만은 않았다. 오히려 그가 비판한 것은 사회주의가 이 이념을 실현하기 위해 채택한 방법이었다. 사회주의는 스스로의 이념을 실현하기 위해 민간기업을 폐지하고 생산수단의 사유를 철폐했으며 계획경제 창설을 주장했다. 이 점을 문제시한 하이에크는 '집산주의(collectivism)'라는 용어를 사용해 비판을 전개했다. 그에게 사회주의는 집산주의의 한 종류에 지나지 않으며, 바꿔 말하면 사회주의가 아니라도 집산주의를 채용할 가능성이 있다는 것이 문제였다.

단순한 상황이라면 한 사람의 인간, 또는 하나의 위원회가 모든 것을 고려해 효과적인 계획을 만드는 것이 가능할 것이다.

그러나 복잡화한 사회에서는 하나의 주체가 모든 정보를 수집해 이를 조정하는 것이 불가능하다. 그렇기 때문에 가격이라는 비인격적 메커니즘에 의지할 수밖에 없다는 것이 하이에크의 신념이었다.

이 경우 중요한 것은 지식의 분업이다. 한 사람 한 사람의 주체는 자신에 관한 정보밖에 가지지 않는다. 즉, 정부라고 해도 사회 전체 정보를 일망지하(一望之下)에 파악하는 것은 불가능하다. 따라서 선의에 의한 것이라 해도 사회 전체를 통제하는 계획을 세우는 것은 다양성과 선택의 자유를 부정하고 모든 개인에게 하나의 목적을 강요하는 것으로 연결된다. 따라서 하이에크는 단일 가치체계가 존재한다는 이상주의와 사람들의 필요에 순위를 매길 수 있다는 환상이 모든 집산주의의 배경에 있다고 주장한다.

여기에서도 분명히 알 수 있듯, 하이에크는 가격 메커니즘이 항상 옳다고 하는 주장에 중점을 두지 않았다. 오히려 특정 개인이나 조직이 사회 전체 정보를 과연 모두 파악할 수 있을까라는 회의야말로 하이에크를 자극했다. 사회의 복잡성을 무시하고 단일 목적을 강요해서는 안 된다. 특정 인간의 의지가 아니라 가격이라는 비인격적 메커니즘의 지배가 바람직하다는 하이에크의 주장은 다음에서 검토하는 바와 같이 '법의 지배'에 대한 주목과도 연결된다.

나아가 하이에크는 보험에 의해서만 대응 가능한 사회적 리스크의 존재, 그리고 부당한 이유로 실제 불평등을 강요당하는 사람이 있음을 인정한다. 정부가 매번 사회정의의 이름으로 계획화를 진행한다면 최종적으로는 모든 인간의 운명과 지위에 책임을 져야만 한다. 그러나 이는 불가능하며 그 결과, 사회의 특정 그룹만이 보장받고 울타리 바깥 사람들의 운명은 더욱 불안정해질 것이라 생각했다.

이 점에서 하이에크의 보수주의를 명확히 파악할 수 있을 것이다. 그가 문제 삼은 것은 바로 자신은 모든 것을 파악하고 있다고 말하는 인간의 오만함이었다. 그는 페이비언 협회(Fabian Society)를 주도한 시드니 웹 부부 등 사회주의에 공감을 표하는 당시의 영국 지식인들에게서 이와 같은 오만함을 발견했다. 추상적 이념에 기초한 사회 개조에 반대한 버크와 마찬가지로 하이에크 또한 단일 가치에 기초한 계획 강요를 비판한 것이다.

하이에크는 모든 개인에 의한 경쟁을 강조했다. 그러나 이 또한 경쟁의 결과가 모두 바람직하기 때문이라기보다 단일 목적을 강요당하지 않는 이상 각 개인이 자신의 목적을 선택하고 그에 기초해 행동하는 자유를 인정할 수밖에 없다고 판단했기 때문이다.

'법의 지배'

하이에크는 『자유의 구조』에서 '법의 지배'를 본격적으로 검토한다. 이 책에서 하이에크는 먼저 자유를 '강제의 결여'로 정의하고 있다. 이런 하이에크가 두려워한 것은 바로 정부의 자의적 권력 행사에 의해 사람들이 자유를 잃는 것이었다.

하이에크가 중시한 것은 인간 행동의 소산이기는 하지만 의도의 결과는 아닌 복잡한 질서였다. 이런 질서를 하이에크는 '자생적 질서'라고 부른다. 자생적 질서를 형성하는 것은 역사적으로 형성된 제도와 관습이라는 규칙이다. 이와 같은 제도와 관습은 사람들이 일상적으로 사용하고 활용함에 따라 역사적으로 시험받게 된다. 즉, 과거의 경험에 대한 개별적 적응의 소산이다. 그런 의미에서 과거로부터의 제도와 관습을 활용하는 인간은 자신이 이를 활용하고 있다는 사실을 인식하지 않은 채 과거 속 이름 없는 인간의 지혜를 활용하게 된다.

현재 무의식적으로 제도와 관습에 따르고 있는 인간은 왜 이와 같은 제도와 관습이 존재하는지 모른다. 모르긴 하지만 현실 속에서 특별한 문제를 일으키기 전에는 이를 굳이 버리지도 않는다. 그런 의미에서 제도와 관습은 항상 역사 속에서 키질 당하며 그 속에서 살아남은 것이다. 하이에크가 생각하는 '진화'란 제도와 관습이라는 '규칙'의 진화다. 이러한 하이에크의 질서상이 실로 보수주의와 친밀한 관계를 가졌다는 것은 말할 것도 없다.

하이에크는 이런 '진화'에서 중심적 역할을 담당하는 것이 '법'이라고 했다. 이 경우 법이란 특정 입법자가 의도적으로 만들어낸 것이 아니라 역사적으로 형성되어 온 행동의 일반적 규칙을 가리킨다. 하이에크가 법에서 특히 중시한 것은 '일반성'이었다. 개별적인 대상에 대한 입법은 그 대상인 개인과 집단에 대한 강제와 같다. 법은 특정 대상을 노려서는 안 되는 것이다. 따라서 하이에크는 일반적인 규칙은 강제를 최소화한다고 생각했다. 사람들은 사전에 제시된 일반적 규칙을 전제로 스스로 판단한다. 즉, 개별적 입법이나 자의적 규칙의 변경은 이러한 개인의 선택에 대한 제약임에 틀림없다.

개인의 자유를 지키기 위해서

하이에크는 이러한 법 관념을 바탕으로 '법의 지배'를 강조했다. 그에 따르면 법의 지배가 발전한 것은 17세기 잉글랜드였다. 다만 흥미로운 사실은 하이에크가 그 기원을 중세 유럽에서가 아니라 고대 그리스의 '이소노미아(isonomia)'에서 발견했다는 것이다. '이소노미아'는 '데모크라시'보다 오래되었으며 데모크라시가 '민중에 의한 지배'를 의미한다면 이소노미아는 '시민 사이의 정치적 평등'을 의미하는 것이었다.

'이소노미아'는 17세기 잉글랜드에 도입돼 곧 '법 앞에서의 평등' 또는 '법의 지배'라는 말로 전환되어 간다. 인민은 자의적인 국왕의 의지가 아니라 법에 의해 지배되어야 한다. 이 관념이 정착됨에 따라 처음으로 영국의 근대적 자유가 발전하게 됐다는 것이 하이에크의 사상사관이다. 그의 사상사에서는 데모크라시(민주주의)보다 이소노미아(법의 지배)가 훨씬 더 중시된다. 하이에크가 보기에 권력에 의한 자의적인 입법의 위험성은 민주정치에서 오히려 증대된다. 개인의 자유를 지키는 것은 다름 아닌 권력 제한이 가능한 상위 규칙을 중시하는 '법의 지배'의 전통이었다.

영국의 이와 같은 전통은 에드워드 쿡(Edward Coke, 1552~1634)과 존 로크에 의해 발전했고 18세기에는 애덤 스미스와 데이비드 흄 등에 의해 계승되었다. 그러나 18세기 말에 이르러 영국에서의 발전이 그 끝을 맺게 되었다고 한다. 프랑스 혁명의 영향 아래 새로운 입법을 통해 사회를 합리적으로 변화시키겠다는 발상이 우위를 차지하게 되었기 때문이다. 하이에크는 법의 지배라는 전통은 오히려 신대륙, 미국에서 정착했다고 논한다.

영국에서 독립한 미국은 헌법이 역사적으로 형성된 관습법으로 확립된 영국과 달리 명확한 성문헌법의 나라가 되었다. 그 결과 정부 권력은 헌법에 의해 명확히 규정되어야 했으며 이를 넘어선 정부의 권력행사는 자의적인 것으로 여겨졌다. 나아가 미국에서는 헌법이 통상적 입법을 지배하는 상위법으로 여겨져 사법재판소가 입법의 위헌성을 심사하는 사법심사제가 확립되었다. 연방 최고재판소의 판례에 의해 확립되고 그 후 미국의 역사 속에 살아남은 이 제도를 하이에크는 입헌주의의 미국 모델로 높이 평가했다.

이러한 하이에크의 사상적 전개를 뒤돌아볼 때, 신자유주의적 사상가로 하이에크를 정의하는 것이 얼마나 부적절한 것인지 알 수 있을 것이다. 하이에크 사상의 본질은 인간 지(知)의 유한성과 국지성을 중시하는 회의주의이며 다양성과 선택의 자유를 중시하는 자유주의이다. 그 정치적 주장의 핵심은 헌법을 기반으로 정부에 의한 자의적 입법을 억제하고자 하는 입헌주의에 있었다. 이러한 하이에크의 사상에서 버크 이후 영국 보수주의의 현대적 전개를 목격할 수 있을 것이다.

3

오크숏
'인류의 대화' 라는 비전

회의적 자유주의자

종종 20세기는 '전쟁과 혁명의 시대'로 불린다. 두 차례의 세계대전과 그 후의 냉전, 그리고 1917년 러시아 혁명을 시작으로 중화인민공화국 건국과 쿠바 혁명 등이 줄을 이었던 20세기는 분명 그 이름에 걸맞은 시대였을지도 모르겠다.

이렇게 말할 수도 있을 것이다. 20세기는 사회주의를 시발점으로 하는 '이론에 의한 혁명'의 세기로, 이는 파나티시즘 (fanaticism, 광신주의)의 세기이기도 했다. 사람들은 이론에 바탕을 둔 대의를 내걸고 그 아래에서 싸웠다. 이러한 시대를 배경으로 일찍이 개인의 자유와 사회 진보를 소리 높여 주장했던 자유주의 또한 변질되기 시작한다.

국가의 적극적 개입을 통해 개인의 자유를 도모하는 20세기적 리버럴리즘이 발전하는 한편, '이론에 의한 혁명'에 회의주의 정신을 가지고 마주한 것도 20세기적 자유주의의 한 현상이었다.('자유주의'도 '리버럴리즘'도 동일하게 liberalism의 번역어지만 여기서는 구분해서 사용하기로 한다.)

20세기의 보수주의 또한 이러한 자유주의 전개와 무관할 수는 없었다. 즉, 국가 역할의 확대에 적극적인 리버럴리즘을 비판하는 한편, 회의주의적 색채가 짙어진 자유주의와는 오히려 그 연결고리를 강화해 갔다. 지(知)의 유한성 자각을 기반으로 계획화를 부정하고 어디까지나 개인의 경쟁을 강조한 하이에크도 이러한 보수주의와 자유주의 접근의 한 예로 볼 수 있을 것이다. 이 절에서는 계속해서 영국의 정치학자 마이클 오크숏(Michael Oakeshott, 1901~1990)에 관해 검토하고자 한다.

오크숏은 우리에게 그리 널리 알려진 사상가가 아닐지도 모르겠다. 오크숏은 런던정경대학(London School of Economics, LSE)에서 정치학 교수로 재직, 노동당 애틀리 정권에 대해 비판적 입장을 취하는 등 보수주의 사상가로 유명하다. 당대에도 후세대에 대한 영향력에 있어서도 거대한 지식인이었다. 하지만 그 풍부한 레토릭에서 비롯된 고답한 문체 등을 이유로 일반적으로 널리 알려지지는 않았다.

오크숏의 아버지는 사회주의 지식인에 의한 운동인 페이비언 협회의 멤버였다. 그리고 런던정경대학에서 오크숏의 전임자였던 이는 바로 노동당의 이론적 지도자로 유명한 해럴드 래스키(Harold Laski)였다. 따라서 노동당 정책을 비판하고 보수주의자의 입장을 분명히 밝힌 오크숏은 많은 지식인이 사회주의에 친근감을 표한 시대에 좋은 의미로도 나쁜 의미로도 눈에 띄는 존재였다.

그러나 이하에서 알 수 있듯, 오크숏의 사상은 단순히 '보수주의'의 틀에 딱 들어맞는 것은 아니었다. 실제로 현대 영국을 대표하는 정치학자로 노동당 블레어 정권을 지지했던 버나드 크릭(Bernard Crick)은 오크숏의 지도를 받은 학생이었다.(물론 스승을 신랄히 비판하기도 했다.) 미국의 철학자로 '좌파'임을 자인한 리처드 로티(Richard Rorty) 또한 오크숏의 영향을 받았다.

좌파와 사회주의를 비판하면서도 이에 영향을 끼치기도 한 오크숏의 사상은 20세기 보수주의 사상의 폭을 잘 보여준다고 할 수 있겠다. 그의 보수주의 사상이 잘 표현된 저작 『정치에서의 합리주의(*Rationalism in Politics*)』(1962)에 수록된 논문을 중심으로 그의 사고법을 확인하고자 한다.

「보수적인 것」

먼저 글자 그대로 「보수적인 것(On Being Conservative)」이라는 논문을 살펴보자. 이 논문에서 오크숏은 이른바 '보수적인' 행동양식에 관해 일반적 설명을 시도한다. 이때 주목할 만한 것은 그가 보수주의를 종교와 왕정과는 명확히 분리해 생각했다는 점이다. 영국의 보수주의가 국교회와 왕당파의 전통과 강한 유대를 가지고 있었다는 사실은 굳이 말할 것도 없다. 종교적으로 복잡한 정체성을 가지고 국왕과의 대결 또한 굳이 피하지 않았던 에드먼드 버크조차 이 점에선 다르지 않다. 이에 비해 오크숏은 보수주의를 종교와 왕정과 분리할 뿐만 아니라 자연법과 신적(神的) 질서를 상정하고 그 실현을 꾀하는 사고법과의 결별을 도모한다. 여기에서 오크숏 보수주의의 독특한 모던함을 발견할 수 있다.

서구는 과거 수세기 동안 지나치게 변화를 추구해 왔다고 오크숏은 말한다. 그 결과 사람들은 자기 자신에의 공감을 잃고 스스로의 정체성에 무심해져버렸다. 하지만 오크숏은 역시 변화는 불가피한 것이며, 이는 적응의 대상이라 지적한다. 왜냐하면 변화라는 것은 항상 예측이 어려운 것이며 그때마다 자신이 가진 자원으로 대응하는 것 외에는 수단이 없기 때문이다. 오히려 인간에게 중요한 것은 "자신의 운명에 담담한 태도를 취하는 것, 자기에게 어울리는 수준으로 살아가는 것, 자기 자신에게도 자신의 환경에도 존재하지 않는 한층 고도의 완벽함을 추구하려 하지 않는 것"(「보수적인 것」)이다.

이는 지나치다 싶을 정도의 소극적 자세로 보일 수도 있다.

그러나 오크숏은 우정을 예로 들어 사람과 사람의 관계에는 변화를 추구하지 않는 영역이 존재한다고 주장한다. 사람은 친구에게 무엇을 요구하는가. 그 친구를 자신이 생각하는 대로 변화시키는 것인가. 오크숏은 친구란 단지 함께하는 것이 즐거운 존재이며 우정에서 중요한 것은 상대를 있는 그대로 받아들이는 것이라 한다. 이런 우정의 근원에 있는 것이 자신과 타인의 차이를 그대로 인정하는 자세다.

오크숏은 이런 사고의 연장선상에서 통치를 생각했다. 통치라는 것은 보다 좋은 사회를 추구하는 것이 아니다. 통치의 본질은 오히려 다양한 계획과 이해관계를 가지고 살아가는 사람들의 충돌을 회피하는 데 있다. 각각의 개인이 스스로의 행복을 좇으면서도 서로 타협하며 살아가기 위해서는 '정교하고 치밀한 의례'가 필요하다. 그런 '정치(精緻)한 의례'로서 법과 제도를 제공하는 것이 통치의 역할이다.

그렇다면 통치자의 임무는 사람들의 정념에 불을 지피는 것이 아니다. 오히려 지나치게 정열적인 사람들에게 이 세계에는 자신과는 다른 타자가 살고 있다는 것은 환기시키는 것이 그 의무이다. 중요한 것은 정열에 절도를 부여하는 것이다. 때문에 다른 활동에 있어서는 혁신적이나 통치에 관해서만은 보수적이라는 것은 전혀 모순이 아니라고 오크숏은 주장한다.

바벨탑과 인류의 대화

오크숏은 이런 발상의 연장선상에서 '인류의 대화'라는 비전을 제시한다. 우정의 목적이 친구를 변화시키는 것이 아니듯, 대화의 목적은 어떤 결론을 내는 것이 아니다. 대화에서 중요한 것은 복잡한 말들이 오고가며 섞이는 것이다. 수많은 다른 말들이 만나 서로 인정하면서도 동화를 추구하지 않는 것이 대화의 본질이다. 하나의 '목소리'가 다른 목소리를 압도해버리는 것은 대화라고 할 수 없다. 이런 대화야말로 인간과 인간의 관계에 있어 적절한 이미지를 제공한다고 오크숏은 말한다.

인간이 동물과 다른 것은 이 대화에 참가하는 능력이지 진리를 발견하거나 보다 나은 세계를 고찰하는 것이 아니다. 그런데 오크숏은 최근 수세기 동안 서구의 대화가 점차 따분해졌다고 한다. 그는 대화가 오직 '과학'의 언어와 실천적 활동의 언어로 가득 차게 된 것을 그 이유로 꼽았다. 그 결과 인식하는 것과 발명하는 것이 다른 것을 압도하는, 인간의 관심사가 되어버렸다. 그렇다면 오늘날 필요한 것은 정치와 과학에 독점되어버린 대화의 단조로움에서 조금이라도 자유로워지는 것이라고 오크숏은 주장한다.

오크숏은 종종 '바벨탑'을 언급한다. 글자 그대로 '바벨탑'이라는 제목의 두 에세이를 썼을 뿐만 아니라 그 이외의 글에서도 구약성서 「창세기」에 나오는 거대한 탑에 관해 언급하고 있다. 그에게 인류가 하늘에 가까워지고자 위로, 더 위로 탑을 쌓아올린 계획은 인간의 이상주의와 진보주의의 메타포였다. 이 계획이 실패로 막을 내리고 서로 다른 언어로 말하게 되면서 서로를 이해할 수 없게 된 인간은 각지에 흩어졌다고 한다. 그러나 오크숏에게 무한한 상승욕구로 인해 좌절한 인류가 다른 언어를 사용하며 세계 각지에 분산하게 된 것은 오히려 긍정적으로 인식해야 할 것이었다.

다른 언어가 오고가며 섞이는 것, 그리고 단 하나의 '목소리'에 수렴되지 않는 것. 인간이 각자의 이미지를 가지면서도 타자를 그 이미지에 종속시키지 않는 것. 오히려 다양한 이미지가 서로를 부정하지 않고 적절한 평형을 유지하는 것. 오크숏은 이를 '대화'라는 비전에 맡겼다. "앞서 내가 인류의 대화라고 지칭한 것은 다양한 상상의 양태가 합류하는 지점을 일컫는 것이다."(「인류의 대화 속에 나타나는 시의 목소리(The Voice of Poetry in the Conversation of Mankind)」)

다양한 해석

오크숏에 따른 이러한 '대화'의 비전은 그 자체로서 아주 흥미로운 것이다. 그러나 이와 같은 비전을 정치적으로 어떻게 이해할 것인가는 명확하지만은 않다.

한 예를 들자면, 현대 일본을 대표하는 리버럴리스트 중 한 명인 이노우에 다쓰오(井上達夫)는 이런 오크숏의 '대화'에서 현대 리버럴리즘의 정의(正義)를 발견한다. 즉 오크숏이 이상으로 삼는 '대화'나 '사교'는 다양한 사람들이 각각의 정의로운 삶의 구상에 기초해 살아가는 것을 가능하게 하며, "다양한 삶이 이야기되는 연회로서 '공생(conviviality)'을 가능하게 하는 공통의 작법이다."(『공생의 작법-대화로서의 정의』) 이질적인 개인이 각각의 이질성을 유지하며 함께 살아가는 것, 그것이야말로 '대화'에 맡겨진 이념이었다. 이노우에의 주장에 따르면 오크숏이 강조하는 전통은 특정 종교나 세계관에 기초한 것이 아니라 형식적으로도 목적으로서도 열린 성격을 가지고 있다. 그렇다면 오크숏은 보수주의자라고 일컬어지기보다 오히려 리버럴리스트로서 이해해야 할 사상가라 할 수 있다.

마찬가지로 현대 일본을 대표하는 보수주의자의 한 명인 니시베 스스무(西部邁)는 오크숏의 '대화'에서 이노우에와는 다른 함의를 발견한 것 같다. 니시베는 인간을 '호모 로퀜스(homo loquens, 말하는 존재로서의 인간)'로 여긴다는 점에서 포스트모더니즘과 보수주의는 공통점을 가진다고 말한다. 단 포스트모더니즘이 모더니즘을 비판하기 위해서 일부러 무의미와 의미의 교란을 강조하는 데 반해, 보수주의의 경우는 대화 속에서 어디까지나 '작법'을 강조한다는 점을 중시한다. 즉, 인간은 '대화라는 전통의 상속인'이며 그 전통에서 '지적이며 윤리적인 습관을 획득하는 것'이 중요하다. 여기에서 떠오르는 것이 다름 아닌 '삶의 갈등을 평형상태로 만드는 것 그 자체에 즐거움을 느끼는' 인간상이다. 니시베는 오크숏의 난해한 표현 뒤에 숨겨져 있는 것은 '페이소스가 섞인 유머'라고 한다.(『사상의 영웅들―보수 원류를 거슬러 올라가다』)

이노우에는 오크숏을 리버럴리스트로 인식하고 니시베는 어디까지나 그를 보수주의자로서 이해한다. 완전히 모순된 것만은 아닌 두 사람의 오크숏 이해가 그 사상의 미묘한 성격을 잘 보여주고 있다.

합리주의 비판과 '실천지'

오크숏의 논의를 이해하기 위해서는 그가 어떻게 지(知)를 구상했는지 파악할 필요가 있다.

오크숏이 비판하는 것은 '합리주의자'다. 이 경우 '합리주의자'는 이성만을 강조하고 권위와 전통, 관습 등으로부터 정신의 독립을 주장하는 사람들이다. 이러한 합리주의자는 경험을 부정하지는 않으나 어디까지나 자기 자신만의 경험을 인정한다. 즉, 합리주의자는 타인의 경험으로부터 배우고자 하지 않는다.

오크숏이 보기에 합리주의자의 문제가 더욱 노골적으로 나타나는 곳이 정치 영역이다. 합리주의자는 정치에 관해 항상 문제 해결을 목표로 한다. 문제 해결을 목표로 하지 않는 정치가 존재하리라곤 꿈에도 생각할 수 없다. 그들은 항상 획일적으로 완전한 답이 존재함을 당연히 여기며 정치를 그 실천의 장으로 인식한다.

그러나 오크숏의 경우 이런 지(知)는 '기술지'라고 부르는 것일 뿐 지(知)의 모든 것이 아니다. 인간의 지(知) 속에는 기술지와는 다른 또 다른 지(知) 하나가 존재한다. 오크숏은 이를 '실천지'라 부른다. 실천지는 기술지와는 달리 명확히 정식화될 수 없다. 상황에 따라 다른 개연성의 지인 실천지는 보통 관습과 전통이라는 실천 속에 내포돼 있다. 사람들은 이와 같은 실천지를 실천지라고 알지 못한 채 배워 간다. 바꿔 말하면 실천 속에서 어떤 행동양식과 매너로서 배울 수밖에 없는 것이 실천지이다. 그러나 합리주의자는 여러 직업과 전문 속에서 축적되어 온 이와 같은 실천지의 존재를 부정하거나, 나아가 적대시하기도 한다.

오크숏이 강조하는 것은 정치교육의 중요성이다. 그러나 이 경우 정치교육은 어떠한 이데올로기나 특정한 명제적 지식을 가르치는 것이 아니다. '자유'나 '민주주의', 나아가 '정의'라는 것은 긴 역사적 경험을 추상화하여 획득한 것에 지나지 않는다.

그러나 일단 획득한 이와 같은 추상적 원리는 한번 확립되면 마치 경험에서 독립해 경험에 앞서 존재하는 것으로 인식되기 십상이다. 그리고 그러한 원리를 배우면 그것으로 충분하다는 착각에 빠져버리기도 한다.

그러나 영국이나 미국에서 실현한 정치 모델을 '자유'나 '민주주의'로서 정식화하고 다른 나라에도 그대로를 도입하고자 해도 순조롭게 진행되지 않는 경우가 많지 않았던가. 이는 본래 영국과 미국에서 이루어진 무수한 실천과 관행에 내포되어 있는 실천지를 분리해내고 추상적인 명제만을 이식하고자 했기 때문이다.

인간은 추상적 명제에서 출발할 수 없다. 인간이 무언가를 배운다는 것은 실천의 장에 참가해 그곳에서의 행위와 행동에 익숙해지며 그 규칙을 습득하는 것을 의미한다. 과학의 가설조차도 추상적으로 만들어진 것이 아니다. 그것은 이미 존재하는 과학 활동 가운데 그 경험을 추상화하는 것을 통해서만 만들어질 수 있다.

따라서 정치 또한 새롭게 상정된 이상을 실현하는 것일 수 없다. '자유'는 정교분리와 법의 지배, 사유재산과 의회주의, 또는 사법의 독립이라는 원리에서 탄생하지 않았다. 오히려 자유는 역사 속에서 발전해 온, 정부의 힘을 감소시키지 않고서 권력을 분산시키는 구체적 노력에서 발전해 왔다. 개별 원리는 그로부터 추상화된 것으로, 말하자면 자유의 귀결이다. 결국 이런 귀결만을 도입한다 해도 과연 자유를 실현할 수 있을지는 의문으로 남게 된다.

그러므로 정치교육은 우선 전통을 배우고 앞선 이들의 행동을 관찰하며 모방하는 것에서 시작되어야 한다. 따라서 역사 연구는 정치교육에서 불가결한 부분을 담당한다. 그 경우 과거에 일어난 개개의 사건을 배울 뿐만 아니라 정치적 사고양식의 역사를 배우는 것이 중요하다고 오크숏은 말한다. 정치교육은 말하자면 과거에서 이어진 전통이라는 '대화'에 어떻게 참가할 수 있는가를 습득하는 것이다. 그리고 자신의 전통을 알기 위해서는 다른 전통도 알아야만 한다. "자신의 전통만을 안다는 것은 실은 그것조차 충분히 알지 못한다"(「정치교육(Political Education)」)는 것을 의미하기 때문이다.

'통일체'와 '사교체'

이와 관련해 오크숏은 또 하나의 주요 저작 『인간행위론(*On Human Conduct*)』(1975)에서 '통일체(universitas)'와 '사교체(societas)'라는 흥미로운 두 모델을 제시한다. 이는 모두 인간의 결합양식 모델로 근대국가는 이 두 모델 사이에서 갈팡질팡해왔다.

통일체가 특정의 공통목적에 의한 결합이라고 한다면, 사교

체는 실체적 목적에서 독립한 형식적인 행위규범에 의한 결합
이다. 양자는 중세 이래의 기원을 가지는 모델로 성당 참사회
나 길드, 대학 등이 통일체라고 한다면, 친구나 이웃관계는 사
교체라 할 수 있다. 전자는 모든 구성원이 공통목적에 따라 동
원되지만 후자의 구성원은 자유롭게 스스로의 목적을 선택할
수 있다.

오크숏이 보기에 근대의 정치적 언설은 지나치게 통일체 이
미지로 묘사돼 왔다. 즉 자율적 개인의 충돌을 행위규범에 의
해 조정하는 '통치'가 아니라 지배하에 있는 사람들을 통일체
의 목적을 위해 이용하는 '지도'의 기법이야말로 중심적인 주
제가 되어왔다. 그러나 이는 편견일 뿐 사람들은 공통목적이
없다고 해서 결속하지 않는 것은 아니다. 이제껏 살펴본 '대화'
의 비전이 사교체와 밀접히 연결돼 있는 것을 명확히 알 수 있
을 것이다.

오크숏은 사교체의 '법'에 따른 '통치' 계기를 20세기 사회에
서 다시 복권시키고자 했다. 이런 생각을 가진 오크숏이 다양한
'시민결사(civil association)'의 역할을 강조한 것도 사교체라는 그
의 질서상에서 본다면 자연스러운 것이었다.

이미 살펴본 바와 같이 이러한 오크숏의 사상은 다양한 목적
을 추구하는 모든 개인의 공생을 가능케 하기 위한 리버럴한 정
의(正義)의 이론으로 연결된다. 또한 전통에 의해 배양된 행위규

범의 습득을 강조하는 보수주의와도 연결점을 가진다. 자유주의인가, 보수주의인가 하는 질문은 아마도 오크숏에겐 큰 의미를 가지지 않을 것이다. 그에게 있어 이 둘은 불가분의 관계였기 때문이다.

제3장

'큰 정부'와
싸우다

미국 '보수혁명'의 태동

미국의 보수주의란

지금까지 살펴본 바와 같이 보수주의의 전통은 버크와 함께 시작되었으며 그 중심지는 영국이었다. 물론 그 이외의 나라에서도 보수주의가 존재하지 않았던 것은 아니다. 예를 들어 프랑스에서는 조제프 드 메스트르(Joseph de Maistre)와 루이 드 보날드(Louis de Bonald) 등의 반혁명 사상이 대두했고 독일에서도 밀러(Adam Heinrich von Müller)와 할러(Karl Ludwig von Haller) 등의 보수주의자가 있었다.(헤겔을 보수주의자로 이해하기도 한다.) 그러나 혁명을 부정하면서도 사회의 점진적 개혁을 주장하는 정치적 입장으로 보수주의를 이해한다면 그 본고장은 역시 영국이라 할 수 있겠다. 명예혁명으로 가장 먼저 '지켜야 하는' 정통의 정치체제를 확립하고 그 헌정의 '보수'와 '개량'을 내세워 온 것은 실로 영국의 보수주의였기 때문이다.

그러나 20세기 후반부터 21세기에 걸쳐 세계의 보수주의 흐름에서 중심적 위치를 차지하게 된 것은 바로 미국이었다. 1980년 대통령 선거에서 로널드 레이건이 당선되었고 이는 '(신)보수혁명'으로 불리기도 한다. 이후 '작은 정부'를 내세우는 '보수주의' 주장은 미국뿐만 아니라 세계적으로 영향을 끼치게 된다. 종국에는 네오콘(Neo Conservatism)이 주도한 이라크 전쟁으로 이어진 것처럼 현대 미국의 보수주의는 문자 그대로 세계를 움직였다. 20세기가 '미국의 세기'였던 것처럼 보수주의 또한 그 중심이 대서양을 건너 미국으로 이동한 것처럼 보인다.

영국과 미국은 같은 앵글로색슨 국가라고는 하지만 크게 다른 정치적 전통을 가진다. 특히 미국의 경우 정치학자 루이스 하츠(Louis Hartz)가 『미국의 자유주의 전통(The Liberal Tradition in America)』(1955)에서 강조한 것처럼 유럽의 왕정이나 귀족제의 전통을 경험한 적이 없었다. 그 결과 '독립선언'에 내재된 존 로크 류(流)의 자유주의, 즉 개인의 소유권에서 출발해 인민의 신탁에 의해 정부가 설립되었다는 발상이 정통적 사상이 되었다. 또한 민주화 이전의 전통을 고집하는 유럽적 보수주의나 그에 대항하는 사회주의가 모두 뿌리를 내릴 수 없었던 것이 미국의 특징으로 지적된다.

물론 미국 건국의 아버지들로 대표되는 페더럴리스트(연방파), 즉 연방 정부의 권한을 강화하고 합중국의 일체성을 강화하고자 한 사람들의 사상을 '보수주의' 시점에서 파악하는 것도 가능하다. 실제로 당파나 파벌의 존재를 전제로 정교하게 권력 분립 시스템을 구상한 제임스 메디슨 등의 사고에서 정치적 유토피아를 단념하고 오히려 인간성에 숨어 있는 악과 마주하며 제도를 구상하는 '보수주의'의 한 면을 발견하는 논자도 적지 않다.

또한 1786년에 발생한 민중봉기인 셰이즈의 반란(Shays' Rebellion: 1786년부터 87년에 걸쳐 미국 매사추세츠 주에서 일어난 대니얼 셰이즈를 우두머리로 한 반란) 경험 후 민중의 급격한 정치참가 확대에 위협을 느낀 건국의 아버지들은 직접 민주제가 아닌 대의제를 중시하게 되었다. 나아가 입법권의 비대화를 엄격한 삼권분립에 의해 억제하고자 했던 점에서 '보수주의'의 측면을 발견하는 것도 가능하다. 그리고 19세기 전반에 활약한 정치가 존 칼훈(John Calhoun) 등으로 대표되는 미국 남부의 보수적 전통 또한 자주 강조되기도 한다.

그럼에도 불구하고 20세기 중반에 이를 때까지 미국에서 '보수주의'가 정통적 위치를 차지한 적은 없었다. 보수당이라는 이름의 정당이 발전하지도 않았으며 스스로를 보수주의자로 칭하는 정치 세력도 존재하지 않았다. 오히려 프랭클린 루스벨트 대통령에 의한 뉴딜 정책의 성공은 정부 주도 아래에서 사회의 발전과 개인의 평등을 도모하는 '리버럴리즘'에 대한 폭넓은 합의, 컨센서스를 만들어냈다. 진보와 개혁이 시대의 기조로 자리잡아가는 가운데 보수주의의 자리는 그 어디에도 없었던 것이다.

1950년대의 매카시즘에 따른 '적색 공포(Red Scare)'도 냉전의 진행이라는 외적 환경 등에 기인하는 '병리적' 현상으로만 보는 입장이 지식인들 사이에서 눈에 띄었다. 다니엘 벨(Daniel Bell) 편저의 『새로운 미국의 우파(*The New American Right*)』(1955) 등이 그 전형이라고 할 수 있겠다.

보수주의자의 고독한 주장

그러나 이러한 시대 환경 속에서 훗날 미국 보수주의 '창시자'로 불릴 사람들의 움직임이 시작되고 있었다. 그들의 기획은 고립된 것이었으며 동시대적 반향을 크게 불러일으킨 것은 아니었다. 먼저 리처드 위버(Richard Weaver, 1910~1963)의 『이념은 실현한다(*Ideas Have Consequences*)』(1948)와 러셀 커크(Russell Kirk, 1918~1994)의 『보수주의 정신(*The Conservative Mind*)』(1953)은 반드시 검토해 볼 필요가 있다. 이에 관해서는 많은 논자들이 같은 의견일 것이다.

위버의 『이념은 실현한다』는 지금 읽으면 너무나도 반시대적으로 느껴지는 저작이다. 제2차 세계대전에 의한 파괴에 충격을 받은 위버는 『이념은 실현한다』 서두에서 현대 문명의 정식적 병리 원인을 중세 스콜라 철학, 윌리엄 오컴의 유명론에서 찾아낸다. 유명론은 존재하는 것은 개별적인 사물일 뿐 보편이라는 것은 명칭에 지나지 않는다는 입장이다. 위버에게 초월적 보편의 존재를 부정하는 입장은 신의 절대성을 인정하지 않고 인간을 만물의 척도로 생각하는 인간중심주의로의 길을 여는 것이었다. 이 길로 인도된 근대의 사고는 이윽고 니힐리즘에 다다라 도덕적 질서 붕괴를 가져왔다고 위버는 주장했다.

인간은 원래 불완전한 존재다. 그렇기에 인간에게 정신의 '누름돌'이 되는 전통이 불가결하다고 논하는 위버의 주장은 인간의 이성과 합리성에 관한 낙관으로 가득 찼던 시대 풍조 속에서 분명 이단적인 것이었다. 그러나 미국 남부의 풍토에서 자라 그 '기사도 정신'을 동경했던 위버에게는 오히려 동시대 미국의 진보주의야말로 인간의 원죄를 강조하는 기독교적 전통에서 봤을 때 이단이었다.

앞 장에서 검토한 오크숏이 보수주의를 자연법 그리고 신적 질서와 분리해 파악하고자 한 것과 비교해 보면 위버 보수주의의 반근대성은 더 명확해진다. 이는 남북전쟁에서 패배하고 황폐해진 미국 남부의 역사와 전통 그리고 무엇보다도 정신을 지켜 나가고자 했던 동기와 불가분한 관계에 있었음이 분명하다.

이른바 남부 농본주의의 후예로도 불리는 위버의 저작은 그 후 기묘한 형태로 부활해 현대 미국 보수주의 부활의 선구로 여겨지기 시작한다. '이념은 실현한다'라는 말은 이후 미국 보수주의에서 하나의 키워드로 여겨지기까지 했다.

여섯 규범

1950년대에 들어 보수주의 부활의 봉화를 올린 이라 하면 역시 러셀 커크다. 일생 독신이었으며 대학에서 영어학 교원으로 검소한 삶을 살았던 위버와 마찬가지로 커크 또한 고향인 미시간 주의 메코스타로부터 멀리 떨어지는 일 없이 청빈한 생애를 보냈다. 그의 대작 『보수주의 정신』은 판을 거듭하며 현대 미국 보수주의 대표 저작이 된다. 하지만 '버크에서 엘리엇까지'라는 부제가 달린 이 책 또한 발표 당시에는 이단적인 것이었다.

『보수주의 정신』은 순수한 사상사 저작이다. 이 책은 버크 이후 보수주의 전개를 영국과 미국에 관한 챕터를 번갈아 배치시켜 마치 대하드라마처럼 전망해 나간다. 그는 이 책에서 혁명을 피한 두 국가만이 보수수의의 '약속의 땅'이며 보수주의의 사명이 지금은 미국에 있다는 것을 주장하는 듯하다.

건국의 아버지들 중 『연방주의자(*The Federalist*)』를 저술한 제임스 메디슨과 알렉산더 해밀턴, 나아가 존 애덤스에서 출발해 칼

훈 등 남부 보수주의자, 그리고 조지 산타야나(George Santayana) 등 20세기 철학자들까지, 이들을 하나의 보수주의 사상사로 재구성했다. 그리고 이를 동시대 영국의 사상 전개와 중첩시켜 써내려가는 필치는 실로 언젠가는 도래할 보수혁명을 위한 장대한 '서사'를 준비한 것이었다.

이 책에서 커크는 보수주의의 여섯 가지 규범(canon)을 제시하고 있다. 제1규범은 '인간 의식과 사회를 동등하게 지배하는 초월적 질서 또는 자연법에 대한 믿음'이다. '정치 문제는 근본적으로 종교적 그리고 도덕적 문제'라고까지 단언한다. 제2규범은 '획일성과 효율주의의 지배에 반대하며 이에 따라 인간 존재의 다양성과 신비성을 사랑하는 것'이다. 그리고 제3규범은 '문명사회에 있어 서열과 계급은 불가결한 것이라는 확신'이다. 커크에게 '계급 없는 사회'는 결코 이상적인 것이 아니었다.

이를 잇는 제4의 규범은 '자유와 소유권이 밀접하게 연결되어 있다는 신념'이다. 제5규범은 '추상적 계획에 기초해 사회를 개조하고자 하는 궤변가, 계산가 그리고 이코노미스트를 신용해서는 안 된다', 제6규범으로 '변화가 꼭 유익한 개혁이 아닐수도 있다는 점을 인정하는 것'을 제시하고 있다.

이는 정말 흥미로운 목록이지 않은가. 성급한 변혁을 경계하는 등 전형적인 보수주의 주장도 포함돼 있지만 기독교적 초월성에의 신념 또한 강조되고 있으며 소유권의 중요성 등 자유주의적 가치 또한 포함돼 있다. 사상적 관점에서 보자면 결코 당연하지도 필연적이지도 않은 '신앙개조(信仰個條)'가 하나의 패키지로서 열거된 점이야말로 이 책이 현대 미국 보수주의의 '바이블'이라고 불리는 이유라 할 것이다. 특히 전통주의적 기독교 신앙과 소유권의 절대성을 논하는 경제적 자유주의는 이후 미국 보수주의의 눈에 띄는 특징이 된다.

종교화하는 미국

현재 미국 보수주의 전개 속에서 주목할 만한 점은 이와 같은 고독한 보수주의자들의 주장이 머지않아 고도로 조직화된 정치운동과 연결돼 결국 정치와 사회의 존재방식을 크게 변화시키게 되었다는 점이다. 확실히 '이념은 실현했다.' 그러나 그것이 가능했던 정치적 배경에 관해서는 나중에 살펴보기로 하고 우선 정신적, 사회적 배경을 검토하고자 한다.

분명한 것은 미국이 현대 선진국 중에서는 예외적으로 '종교적인' 국가라는 사실이다. 종종 지적되는 것처럼 미국에서는 90퍼센트가 넘는 사람들이 신 또는 보편적 영혼의 존재를 믿고 있다. 특히 인구의 약 80퍼센트를 기독교도가 차지하고 있고 그 대부분은 신에 의한 천지창조를 믿고 있다. 오히려 진화론을 지지하는 사람들 쪽이 소수다.(『미국과 종교―보수화와 정치화의 미래』)

이와 같은 수치는 '세속화'가 진행된 다른 선진국에서는 찾아볼 수 없는 것으로 미국만의 현저한 특징이다.

그렇다면 왜 미국은 '종교적'일까. 주목해야 할 점은 그 역사 속에서 미국이 반복해서 '종교적 대각성(大覺醒, Great Awakening)'을 경험해 왔다는 것이다. 즉 아직 미국이 영국의 식민지였던 1740년대, 종교적 회개를 구하는 전도사 발치에 모인 사람들이 집단적으로 '회심(크리스트와 영적으로 교감하는 것, born again)'을 체험하는 신앙 부흥운동이 활발해졌다. 이는 본국에서 멀리 떨어진 식민지에서, 광대한 토지에 분산돼 생활하며 가족 단위로 고립해 살아가는 사람들의 정신적 갈망이 가져온 현상이라 할 수 있을 것이다. 이러한 '대각성'은 합중국 성립 후 1800년대부터 30년대에 걸쳐 다시 활발해진다.(제2차 대각성 운동) 프런티어 개척이 진행돼 미국 사회가 서부로 확대해 가며 일어난 움직임으로 중앙정부의 힘이 미치지 못하는 황야에 살아가는 사람들의 마음속 욕구에서 비롯된 것이었다.

보통 미국의 중심을 형성했던 것은 WASP(백인 앵글로색슨계이며 프로테스탄트)였다고 말하곤 한다. 그러나 같은 프로테스탄트라고 해도 다수파인 주류파가 근대화를 받아들여 세속에 대해서도 비교적 관용을 보인 것에 비해 『성서』를 문자 그대로 신의 말로 받아들이는 복음파는 보다 『성서』에 충실하며 회심 체험을 극히 중시한다. 과학과 정치에 대한 태도를 포함해 양자의 차이는 아주 크다.

중요한 것은 20세기에 들어 남부에 많았던 복음파가 서부와 중서부로 대규모 이주를 했다는 점이다. 그 중심에는 가난한 백인이 있었으며 그 결과 종교적으로 보수적인 보수파의 영향이 이들 지역으로 확대됐다. 그 후 이러한 인구의 흐름은 서부 해안에 이르게 되었고 오늘날 '선벨트'라고 불리는 지역에서 복음파 기독교가 아주 큰 영향력을 가지게 되었다. 현재 인구 면에서도, 경제적으로도 이 지역의 중요성은 확대일로에 있다. 현대 미국의 보수주의는 예전처럼 동부 기득권 세력이 아니라 종교화한 '선벨트'의 신앙심 깊은 이들의 지지를 받고 있다.

이들의 신앙은 오늘날 텔레비전 방송을 사용해 설교하는 빌리 그레이엄으로 대표되는 'TV 전도사(Televangelist)'의 활약, 그리고 수만 명을 수용하는 거대 교회(mega church)의 예배를 통해 많은 주목을 받고 있다. 만약 이를 테크놀로지를 사용한 대중 세뇌로 생각한다면 현대 미국 보수주의의 성격을 잘못 이해하는 것이다. 그 근저에 있는 것은 세속화, 개인화한 현대 사회에서 자신의 정신적 안식처를 구하는 사람들의 절실한 욕구이다.

'반지성주의'

종교와 관련해 현대 미국 보수주의의 정신적 배경에는 또한 가지의 지적해야 할 요인이 있다. 이른바 '반지성주의(anti-intellectualism)'이다. 이 용어는 일찍이 역사가 리처드 호프스태터(Richard Hofstadter)의 저작 『미국의 반지성주의(*Anti-intellectualism in American Life*)』(1963)에서 제기된 것으로 미국 사회에 깊게 뿌리내린 반엘리트적 전통을 일컫는다.

그러나 이 개념을 단순히 비과학적, 비합리적인 광신적 태도로 이해하는 것은 일차원적이라 할 수 있다. 반지성주의는 하버드 대학으로 상징되는 엘리트 대학을 졸업하고 미국의 정치와 경제, 문화와 사회를 주도하는 사람들에 대한 풀뿌리 민중의 불신감을 나타내는 것이기 때문이다. "엘리트가 말하는 모든 것이 올바른 것만은 아니다." 어떤 의미에서 건전한 반골적 정신이 그 속에 내포돼 있다는 점을 무시할 수 없다.

19세기 미국을 여행한 프랑스 사상가 토크빌은 워싱턴에서 이루어지는 정치가들의 언설(言說)보다 오히려 지역의 기초적 자치를 담당하는 일반 시민들의 정치적 지성에 감명 받았다. 미국 사회를 지탱하고 있는 것은 소수의 지적 엘리트가 아니다. 지위도 학력도 없으나 생활에 뿌리내린 건전한 판단력을 가진 보통의 사람들이야말로 미국 사회의 토대를 이루고 있다. 이러한 신념을 뒷받침하는 반엘리트 사상이야말로 호프스태터가 말하는 '반지성주의'라 할 수 있다.

그런 의미에서 현대 미국의 보수주의가 활발해진 배경에는 지적 위신을 둘러싼 커다란 지반 변동이 있었다 할 수 있을 것이다. 제2차 세계대전이 끝날 때까지 미국 사회의 중심에 있었던 것은 기독교에서 주류파이자 지적으로도 '최고이며 가장 총명한 이들(the best and the brightest)'(데이비드 헬버스탬)로 불렸던 사람들이다. 1960년대 미국에서 케네디를 포함해 그를 계승한 존슨 정권의 중심이었던 이들이 왜 미국을 베트남 전쟁이라는 진흙탕으로 이끌었을까. 헬버스탬의 고발 다큐멘터리야말로 그 시기에 일어났던 지적 위신의 변화를 예감하는 것이었다.

이 시기를 경계로 이제껏 사회 전면에 나서지 않았던 복음파의 존재가 사회적으로도 주목받게 되었다. 워싱턴과 뉴욕 엘리트에 반기를 든 사람들의 존재가 점차 클로즈업되기 시작했다.

확실히 위버나 커크의 지적행위는 분명 당대에는 고독한 것이었다. 그러나 1950년대부터 60년대에 걸쳐 미국 사회가 구조적으로 변용되면서 그들의 저작은 단순한 반시대적 주장에 그치지 않고 점차 무게를 갖게 된다.

이 시점에서 보수주의의 과제는 그때까지 상호 고립되었던 그들의 지적(知的) 행위를 연결시켜 하나의 정치운동으로 만들어 나가는 것이었다. 그러한 역할을 수행한 것이 좁은 의미의 아카데미즘을 박차고 나온 지식인들의 활동이었다. 그 대표적 인물 중 한 사람인 윌리엄 버클리 주니어(William Frank Buckley Jr., 1925~2008)는 1951년에 『예일의 신과 인간(God and Man at Yale)』

을 발표해 대학 아카데미즘을 지배하는 리버럴리즘을 비판했다. 나아가 1955년에는 훗날 보수파를 대표하는 잡지로 성장하는 『내셔널 리뷰』를 창간한다. 또한 프랭크 메이어(Frank Meyer, 1909~1972)는 보수주의 결집을 도모해 1964년 『보수주의란 무엇인가(What Is Conservatism?)』를 편집, 1965년에는 보수주의자 포럼인 '필라델피아 소사이어티' 창설에 참가했다.

이렇듯 조용히 준비된 미국 보수혁명은 1960년대에 정치 무대 전면에 등장했고 1964년 대통령 선거의 공화당 후보 배리 골드워터가 그 상징이었다. 이를 검토하기 전에 현대 미국 보수주의를 구성하는 또 하나의 요소에 관해 언급하고자 한다.

2

리버테리어니즘

프리드먼과 노직

전통주의와 리버테리어니즘의 '융합'

앞 절에서 검토한 바와 같이 현대 미국 보수주의의 단초를 마련한 것은 신대륙 아메리카에서 탄생, 성장한 독특한 '전통주의'였다. 그것은 정부의 힘에 의존하지 않고 자신과 자신의 가족만으로 고독하게 삶을 꾸려 나가는 사람들의 신념으로 고유한 독립정신에 기초한 것이었다. 그와 동시에 이 독립정신을 지탱한 것은 강한 종교심으로 이 경우 종교는 근대화와 세속화에 적응한 기독교가 아니라 어디까지나 『성서』와 독특한 회심(born again) 체험에 기초한 기독교였다.

이러한 미국의 '전통주의'는 미국 사회의 기층에 있으면서도 20세기 중반이 되기까지는 결코 사회의 전면에 나서지 않았다. 그러나 합리적 진보적 개혁을 주장하는 지식인들에 대한 신뢰에 그림자가 드리우고 불신감이 퍼져 나가는 시대 상황 속에서 복류하고 있던 '전통주의'는 독특한 '반지성주의'로서, 나아가서는 '보수주의 정신'으로서 현재화하기에 이른다.

그러나 이러한 '전통주의'밖에 존재하지 않았다면 그것이 정치운동의 프로그램이 되는 것은 어려웠을 것이다. 리버럴리즘에 대한 이의 제기가 될 수는 있어도 그에 대항할 수 있는 구체적 정책이나 제도적 제안이 결여되어 있었기 때문이다. 현대 미국의 보수주의가 단순한 정신적 태도와 심리상태에 머물지 않고 하나의 '혁명'으로 결실을 맺기 위해서는 '전통주의'와 함께 또 하나의 요소가 더해질 필요가 있었다. 그것이 바로 '리버테리어니즘(Libertarianism)'이다.

그렇다면 리버테리어니즘은 무엇인가. 단어 자체가 오랜 기원을 가지고 있는 '리버테리언'이라는 말은 원래는 인간의 자유의지를 강조하는 일련의 사상을 일컬었다. 이 단어는 사회주의 속에서도 반국가주의적 경향이 강한 그룹을 지칭하는 것이 되었으며 아나키즘과 동일시되기도 했다. 또한 사회에서 발생하는 착취와 억압을 비판하는 세력이 '리버테리언 사회주의'로 불리기도 했다.(예를 들어, 현대 미국을 대표하는 좌파 지식인 노암 촘스키는 '리버테리언 사회주의자'로 불리기도 한다.)

하지만 20세기 후반에 들어서 이 단어는 미국에서 전혀 새로운 의미를 획득한다. 그 배경에는 리버럴리즘이라는 단어의 의미 전환이 있었다. 이 말은 원래 정부 권력을 억제해 개인의 자유를 지키는 것을 의미했으나 이 시기에는 오히려 '큰 정부' 아래에서 개인의 자유를 실현하는 것으로 변화했다. 그 결과, 이와 같은 리버럴리즘에 위화감을 느낀 사람들은 새로운 단어를 찾기 시작하게 된다.

이런 흐름 속에 20세기적 리버럴리즘의 의미 전환을 주도한 미국에서 리버테리언이라는 말의 의미 변화가 일어난 것은 우연이 아니다. 이 시기 이후 리버테리언은 러버럴파에 의한 정부 권한 확대와 격렬히 대립하며 개인의 선택과 '작은 정부'를 강조하는 입장을 의미하는 말이 되었다.(일본어로는 보통 '자유지상주의'나 '자유존중주의'로 번역된다.) 이 단어는 아주 흥미롭게도 현대 미국 보수주의의 한쪽 날개를 담당하게 된다.

전통적으로 사회주의 등 좌파적 입장과 연관되어 온 '리버테리언'이라는 말은 '큰 정부'에 대한 불신감을 유대로 앞서 검토한 전통주의와 합류해 나간다. 정부에 대한 불신과 강건한 개인주의가 결합해 독특한 '보수주의'가 태어났기 때문이다. 이는 정부 주도의 진보주의적 개혁을 격렬히 비판한다는 의미에서 '보수주의'라고 불릴 수 있으나 이제까지 이 책에서 논해 온 보수주의와는 크게 다른 색채를 띠고 있다. 무엇보다 시장화와 민영화에 대한 강한 고집은 현대 미국 보수주의에 '급진적' 성격까지도 부여했다.

이미 언급한 프랭크 메이어는 전통주의와 리버테리어니즘 합류를 가리켜 '융합주의(fusionism)'라고 불렀다. 전통주의와 리버테리어니즘의 '융합'이 실현된 것이야말로 현대 미국 보수주의 발전의 커다란 비약을 위한 디딤대가 되었다.

프리드먼과 경제적 리버테리어니즘

그렇다면 현대 미국의 리버테리어니즘은 무엇을 의미하는가. 일반적으로 정부의 권력을 가능한 축소시키고 개인 선택의 자유를 최대화하고자 하는 정치철학으로서 이해되는 리버테리어니즘. 그 내용은 꽤 다양하다.

현대 미국의 리버테리어니즘의 선구는 이미 앞에서 검토한 프리드리히 하이에크의 『노예의 길』(1944)이다. 하이에크의 이 저작이 영국보다 오히려 미국에서 커다란 반향을 불러일으켰다는 사실은 이미 서술한 바와 같다. 이는 하이에크의 사상이 원래와는 다른 미국 고유의 지적 정치적 문맥에서 수용되었다는 것을 의미한다.

여기서는 하이에크의 사상과 견고히 연동하면서 보다 미국의 문맥에 바탕을 둔 논의를 전개한 경제학자 밀턴 프리드먼(Milton Friedman, 1912~2006)에 관해 살펴보고자 한다. 프리드먼의 대표작으로 『자본주의와 자유(*Capitalism and Freedom*)』(1962)를 꼽을 수 있지만 여기서는 보다 일반적 독자를 염두에 두고 집필한 베스트 셀러 『선택의 자유(*Free to Choose*)』(1980)에 관해 논하고자 한다.

이 책에서 파악할 수 있는 것은 전형적인 경제적 리버테리어 니즘이다. 즉 경제학자가 시장 질서를 논하는 논리를 가지고 자유주의적인 개인주의적 질서를 정당화하는 것이다. 집산주의와 비교해 자유로운 시장 쪽이 자원분배에 있어 효율적이다. 때문에 정부의 자의적인 개입은 개인 선택에 대한 부당한 간섭에 지나지 않는다. 경제적 자유와 정치적 자유는 불가분의 관계이나 보다 근본적인 것은 경제적 자유이며 경제적 자유가 없는 곳에 정치적 자유는 성립할 수 없다고 프리드먼은 주장한다.

프리드먼이 신뢰하는 것은 가격 메커니즘이다. "세계의 많은 사람들이 어떻게 그들의 개별적 이익 증진을 위해 협력할 수 있는가를 이해하기란 아주 어려운 일이다. 가격 시스템은 중앙 집권적 지시 없이, 서로 대화하지 않고, 나아가 서로를 좋아하지 않고서도 이 과제를 가능하게 하는 메커니즘이다."(『선택의 자유』) 여기서 알 수 있는 것은 인간과 인간의 공동 행위에 대한 눈에 띄게 낮은 평가와 그것과는 대조적인 시장질서에 대한 극명히 높은 평가이다. 사람들의 자발적 상호행위는 중요하지만 그것은 어디까지나 의도치 않은 것으로 가격 메커니즘을 매개로 한 것에 한정된다. 인간과 인간은 서로 '대화하고', '좋아하는' 관계가 될 필요가 없는 것이다.

이러한 논리의 연장선상에 있는 것이 정부에 대한 불신이다. 프리드먼이 미국 역사를 되돌아보며 결정적 전환기로 지목한 때가 1932년이다. 이 해 대통령 선거에서 당선된 프랭클린 루스벨트는 뉴딜 정책으로 사람들의 정부 역할에 대한 인식을 근본적으로 바꿔버린다. 그 이후 연방정부의 권한은 계속해서 확대되며 국민 소득에 대한 연방정부의 지출은 50년 동안 50배가 되었다고 프리드먼은 강조한다.

'선택의 자유' 회복을

그 중심에 있었던 것이 바로 사회보장 지출의 증대였다. 프리드먼은 그 목적이 고귀했다는 점은 인정한다. 하지만 문제는 그 수단이었다. 사회보장 목적으로 만들어진 여러 프로그램은 결과적으로 이를 통해 이익을 얻는 특수 이익단체의 증가를 야기했다. 특수 이익단체는 한번 생겨나면 스스로의 존속을 자기 목적화하게 된다. 권한을 가진 관료들 또한 국가 전체의 이익보다는 자신들의 조직 발전을 생각하게 된다. 정부 역할은 끝없이 확대일로를 걷게 되었다.

그러나 여러 제도에 의해 급부를 받는 사람들의 수가 늘어나는 한편 이를 조달하기 위한 보험료를 징수할 수 있는 노동자의 수는 그에 비례해 늘지 않는다. 그 결과 급부를 받는 사람은 기대에 못 미친다며 실망하게 되고 제도를 지탱해 온 사람들은 불만을 터뜨릴 수밖에 없었다. 따라서 프리드먼은 정부에 의한 사회보장 정책의 확대는 어쩔 수 없이 좌절의 결과를 가져왔다고 말한다.

무엇보다 큰 문제는 정부 역할이 증대함으로써 특수 이익이 발호해 일반 이익이 손상되는 것이다. 정치과정을 통해 소수이긴 하나 명확한 이해를 가진 그룹의 목소리는 크게 반영되지만 모든 사람들에게 있어 넓고 얕게 영향을 미치는 일반 이익을 위해 노력하는 이들은 적다. 원래 사람들은 자신이 지불한 세금과 정부에 의해 실현된 정책 사이의 거리가 너무 멀기 때문에 직접적 관련성을 느끼기 쉽지 않다. 결과적으로 정부의 무한 확대를 허용하게 된 것이다.

프리드먼은 이러한 특수 이익 위에 성립한 오늘날의 '지배계급'을 강도 높게 비판한다. "대학, 뉴스미디어, 특히 연방정부에서 자리를 차지하고 있는 새로운 계급은 가장 강력하고 또 특수한 이익이 되었다. (중략) 이 새로운 계급은 공공의 광범위한 반대와 종종 자신들의 생각과는 완전히 반대되는 것을 규정하고 있는 정부의 여러 법률이 존재함에도 불구하고 자신들의 생각을 사람들에게 강제하는 일에 반복적으로 성공해왔다."(『선택의 자유』)

중요한 것은 개인이 자신의 소득을 어디에 쓸 것인가를 자유롭게 판단하는 '선택의 자유'를 회복하는 것이다. 이와 같이 주장하는 프리드먼의 리버테리어니즘은 미국의 전통적 반정부감정과 연결되어 커다란 반향을 불러일으켰다. '큰 정부'를 지배하는 리버럴파의 지식인과 관료를 배제하고 다시 한 번 사람들의 근원적 자유를 회복하자고 주장하는 경제학자의 호소는 바야흐로 시대의 이데올로기가 되었다.

노직의 윤리적 리버테리어니즘

이러한 프리드먼의 경제적 리버테리어니즘과는 달리 개인의 인권과 자연권을 중시하는 이른바 윤리적 리버테리어니즘을 전개한 것이 바로 로버트 노직(Robert Nozick, 1938~2002)의 『무정부, 국가 그리고 유토피아(Anarchy, State, and Utopia)』(1974)다.

노직은 국가의 정통성이란 문제에 정면으로 도전한다. 왜 국가가 존재하는가, 왜 무정부 상태가 되어서는 안 되는가. 노직은 국가의 존재를 자명시하는 입장을 비판하는 한편, 국가를 부정하는 아나키즘과도 거리를 둔다. 노직은 자연상태부터 논의를 시작하기는 하나 개인과 개인의 계약에 의해 정치사회 성립을 설명하는 사회계약론은 채용하지 않는다. 노직이 주장한 것은 '보호협회'라는 모델이다.

치안과 안전을 확보하기 위해 국가가 필요하다는 주장도 있다. 그러나 노직은 이런 점부터 의심하기 시작한다. 따로 민간 조직이 있어도 사람들을 보호하는 서비스를 제공할 수 있지 않은가. 자연상태의 사람들은 바로 국가를 설립하기보다는 자신들 주변에서 자발적인 서비스를 제공하는 조직과 계약하지 않을까. 노직은 이러한 조직을 '보호협회'라고 부르며 자연상태에서는 보호협회가 무수히 난립할 것이라고 주장했다.

이러한 보호협회가 상호 경쟁하는 사이에 보다 많은 회원을 획득한 보호협회가 생겨난다. 이 보호협회는 보다 큰 분쟁 해결 능력을 가지게 되고 다른 협회를 압도하는 사실상 독점 조직이 된다. 노직은 이를 지배적 보호협회라고 불렀다. 지배적 보호협회는 이윽고 영역 내의 나머지 주민에 대해서도 무료로 서비스를 제공하는 것으로 최소국가가 되어 간다. 노직의 논의에서 중요한 점은 그것이 어디까지나 자생적인 프로세스의 산물이라는 것이다.

이와 같은 최소국가를 정통화한 노직은 반대로 이와 같은 정통적 권한을 넘어선 정부의 역할을 금지한다. 최소국가는 보호 서비스를 제공한다는 단 하나의 점에서만 정통성을 가지며 복지국가가 경제적 재분배를 행하는 것은 개인의 소유권을 침해하는 것이다. 인간은 스스로의 신체와 노동의 산물에 소유권을 가진다. 정부가 이를 마음대로 이전하려 한다면 개인의 권원 (entitlement)을 부당하게 빼앗는 것이 된다. 사람들의 노동이 결실을 맺은 소유권에 정부가 과세하는 것은 결과적으로 사람들에게 강제노동을 시키는 것과 다름없다며 노직은 정부의 권한 확대를 강하게 비판했다.

'제국주의적 유토피아' 비판

이러한 노직의 논의는 극단적으로 보이기도 할 것이다. 또한 『무정부, 국가 그리고 유토피아』는 그의 하버드 대학 동료 존 롤스의 『정의론』(1971)에 자극을 받아 쓴 것으로 그 스타일은 극히 정치 철학적으로 세련되었으며 학술적이다. 그러나 노직의 논의는 개인의 소유권을 모든 논의의 출발점으로 하여 이를 침해하는 정부의 권력 확대에 극단적 경계심을 드러냈다는 점에서 미국의 전통적인 가치관과 많은 공통점을 가졌다는 사실은 분명하다.

어디까지나 경제적 효율성에서 출발한 프리드먼의 논의와 개인의 자연권에서 국가의 정통성을 되묻는 노직의 논의는 크게 다른 성질을 가진다. 그러나 양자의 논의는 서로 어울려 현대 미국의 리버테리어니즘 이론에 독특한 무기를 제공하게 되었다.

물론 노직의 논의를 이러한 틀에서만 살펴보는 것은 부당할지도 모르겠다. 『무정부, 국가 그리고 유토피아』의 최대 매력은 사람들이 다양한 유토피아를 추구하는 것을 허용하는 사회상을 제시했다는 점이다. "인생은 누군가가 제시한 하나의 상(賞)을 타기 위해 모두가 치열하게 다투어 달리는 것이 아니다. 속도를 판정하는 이가 어딘가에 있는 하나로 통일된 경주는 존재하지 않는다."(『무정부, 국가 그리고 유토피아』)

노직에게 중요한 것은 하나의 유토피아상(像)을 사람들에게 강제하는 것이 아니다. 그는 아무리 선의를 가졌다고 해도 한 패턴의 커뮤니티를 강요하는 것을 '제국주의적 유토피아주의'라고 부르며 비판했다. 그에게 유토피아는 항상 복수로 존재해야 했다.

"유토피아는 복수의 유토피아로, 즉 사람들이 다른 제도 아래에서 다른 삶을 살아가는 다수의 다른, 다양한 커뮤니티로 이루어진 것이다."(같은 책) 이런 노직에게 가능한 유토피아의 틀은 최소국가이며 무엇보다 피해야하는 것은 마르크스주의로 대표되는 사회주의와 같은 '제국주의적 유토피아'였다. 이 점에서 노직의 리버테리어니즘 또한 현대 미국의 보수주의의 한 부분을 담당하고 있다.

티파티 운동

이러한 리버테리어니즘 사상을 21세기 현대에서 가장 첨예하게 드러낸 것이 이른바 '티파티 운동'이다. 2009년 버락 오바마의 민주당 정권이 의료보험개혁과 대형 경기대책을 앞세우자 이에 대한 풀뿌리 레벨의 반대운동으로서 전미 규모로 확대된 운동이다. 잘 알려져 있다시피 그 명칭은 영국의 북미 식민지에 대한 부당한 과세에 저항한 보스턴 차사건(Boston Tea Party)에 유래한다. '이미 충분한 세금을 냈다(Taxed Enough Already)'는 구호를 내건 이 운동은 정부 권한 확대를 비판하고 '작은 정부'를 명확히 지향한 것이었다. 2010년 중간선거에서는 공화당 의석 대폭 증가의 원동력이 되기도 했다.

참고로 티파티라는 용어를 오랜 역사 속에서 현대에 부활시킨 이는 공화당 텍사스 주 선출 하원의원인 론 폴(Ron Paul)이다. 독일계 산부인과 의사인 그는 '닥터 노(Doctor No)'라는 별명대로 자신이 위헌이라고 생각하는 법안에 대해 고립을 두려워하지 않고 끊임없이 반대표를 던진 인물로 알려져 있다. 1988년에는 제3정당인 자유당(리버테리언당) 후보로 미국 대통령 선거에 출마해 3위를 차지하기도 했다. 이런 배경을 가진 론 폴이 2008년 공화당 대통령 예비선거를 염두에 두고 자금 활동을 위해 개설한 웹사이트가 TeaParty07.com이었다.(『티파티 운동―현대 미국 정치 분석』)

이 인물은 실로 리버테리어니즘을 체현한 정치가라고 할 수 있다. 하이에크와 루드비히 폰 미제스의 경제학을 신봉하는 폴은 정부 권한의 확대와 증세 그리고 그에 따른 개인의 경제적 자유 실현을 강하게 비판했다. 또한 정부의 힘을 빌려 타인의 세금으로 스스로를 풍요롭게 하는 것을 '합법적 약탈'이라고 불렀다. 연방정부의 권한은 헌법에 따라 정해진 최소 규모여야 하며 정부 지출은 필요최저한이어야만 한다. 이렇게 주장하는 그의 눈에는 민주당은 물론 공화당조차도 '작은 정부'라는 이념과 동떨어져 있는 것으로 보였다.

미국 내에서의 정부 관여 확대를 혐오하는 폴은 미국이 북미자유협정(NAFTA)나 세계무역기구(WTO)의 구성국인 것을 부정할 뿐만 아니라 유엔이나 북대서양조약기구(NATO)에서 탈퇴해야 한다고까지 주장했다. 한편 다음 절에서 자세히 논할 네오콘이 주도하는 조지 W. 부시 정권의 이라크 전쟁을 비판하고 전쟁결의안에 반대표를 던졌으며 테러 대책 보안 강화를 위한 애국자법에도 반대를 외쳤다. 권력에 의한 도청이나 고문은 무엇보다 부정돼야 하는 것이라 주장하는 폴은 단순한 경제적 리버테리어니즘에 그치지 않는, 개인의 근원적 자유를 외친 투사라고도 부를 수 있을 것이다.

그러나 티파티 운동은 결코 조직화된 것이 아니며 폴을 지도자로 부를 수도 없다. 폴의 차남 랜드 폴은 티파티 운동이 지지하는 공화당 켄터키 주 선출 연방 상원의원이긴 하다. 그러나 원래 티파티 운동은 풀뿌리 레벨의 잡다한 조직의 집합체로 몇개의 유력한 전미 레벨의 단체가 있긴 하지만 하나의 정당을 형성하고 있는 것은 아니다. 주요 지지자는 비교적 연배가 있는 백인 중간층인데 기독교를 열심히 신봉하는 사람들도 많다. 즉 다양한 보수주의의 요소가 혼재하는 사회운동으로 리버테리어니즘 이외에도 많은 사상이 유입돼 있다.

하지만 티파티 운동은 틀림없이 공화당의 존재방식에 큰 영향을 주고 있으며 전통적 공화당 주류파는 그 주도권을 야금야금 빼앗기고 있다고 해도 좋을 것이다. 따라서 리버테리어리즘적 보수주의에 있어서 강고한 정부 불신 감각은 이후에도 미국 정치를 흔드는 커다란 요인이 될 것으로 예상할 수 있다.

3

네오콘 혁명
보수 우위의 도래

네오콘의 특이성

이제까지 검토해 온 바와 같이 현대 미국 보수주의를 구성하는 커다란 요소에는 전통주의와 리버테리어니즘이 있다. 그러나 양자는 본래 이질적 사상으로 그 결합은 결코 필연적인 것이 아니다. 오히려 리버테리어니즘이 가지는 개인주의와 경제적 자유에의 강한 지향은 전통적 공동체와 신앙심 사이에 마찰을 일으킬 수밖에 없는 긴장을 내포하고 있다. 이 둘이 결합한 것은 귀족제나 봉건사회의 전통을 경험하지 않고 개인의 자유와 소유권이야말로 사회의 기본원리가 된 미국 특유의 현상이라고 말할 수 있을 것이다. 따라서 이와 같은 결합이 다른 사회에서도 당연히 성립 가능하다고는 할 수 없다.

그러나 현대 미국의 보수주의를 구성하는 것은 전통주의와 리버테리어니즘, 이 둘뿐만이 아니다. 이 둘과는 명확히 구분되는 이질적 요소가 보수주의에 유입되어 있다. 그 모두를 열거할 수는 없지만 그 중 반드시 짚고 넘어가야 할 것이 이른바 '네오콘(Neo Conservatism)', 즉 '신보수주의'라고 불리는 사상조류이다.

네오콘을 대표하는 사상가들은 위버나 커크와 같은 전통적 보수주의자와도, 또는 프리드먼과 노직과 같은 리버테리언과도 공통점이 없다. 예를 들어 네오콘의 많은 논자는 조지 W. 부시 정권시대에 이라크 전쟁을 주도했다. 역사적 고립주의 경향이 강한 전통적 보수나 정부의 불필요한 대외적 관여를 부정하는 론 폴과 같은 리버테리언은 네오콘의 이와 같은 세계 구상에 아주 큰 위화감을 가졌다. 이에 비해 네오콘 지도자들은 복지국가와 사회보장 정책에 관해서는 리버럴파와 극단적 의견 차이를 보여주지 않으며 '작은 정부'에 대한 고집도 그렇게 눈에 띄는 것이 아니다.

더욱이 후에 상술하겠지만 네오콘의 초기 이론가들은 뉴욕을 거점으로 하는 유대계 지식인들로 원래는 트로츠키스트(마르크스주의 내부에서 주류 스탈리니즘에 저항해 트로츠키를 이론적 지도자로 삼은 사람들)였던 이들이 많다. 현대 미국 보수주의자들 중에 젊은 시절 좌파적 신조를 가졌던 사람들이 적지 않은데 반스탈린주의에서 시작해 반공산주의로 집단적 전향을 했다는 점에서 네오콘의 구성원들은 눈에 띄는 존재다. 역시나 현대 미국 보수주의의 한 부분에 있어 네오콘은 극히 특이한 집단이라고 말할 수 있을 것이다.

네오콘은 어떻게 탄생하고 무엇을 주장하는가. 현대 미국 보수주의 속에서 어떻게 큰 위치를 차지할 수 있었는가. 그리고 왜 이라크 전쟁을 공연히 주장하게 되었는가. 이에 관해 검토하고자 한다.

네오콘의 기원 '뉴욕 지식인'

네오콘이라 불리는 사람들의 특징은 초기부터 어느 정도 그룹을 형성해 활동하고 있었다는 것이다. 그 점에서 이미 언급한 위버나 커크 등과 같은 전통적 보수주의자와는 성격을 달리한다. 그 모체가 된 것이 뉴욕에 모인 젊은 작가와 저널리스트 집단으로 그중 많은 이들이 유대계였다.

참고로 '뉴욕 지식인'이라고 불리는 이들이 있다. 1930년대에 형성된 그룹으로 케인스 등이 참여한 영국 블룸스버리 그룹과 함께 가장 이른 시기에 나타난 자각적 지식인 집단으로 여겨진다. 이민자 자녀가 많고 경제적으로는 노동자 계급과 프티 블루 계급이 중심이었으며 대학, 미디어와 밀접한 관계를 가지고 활약했다. 또한 문화적 모더니즘과 지적 급진주의, 코즈모폴리턴의 생활양식이 그 특징이었다.(『미국 지식인의 사상』)

뉴욕 지식인들은 WASP를 중심으로 하는 미국 사회 속에서 스스로를 '주변인(marginal man)'으로 여겼다. 이러한 소외감에서 1930년대에는 정치적 급진주의에 접근, 한때는 공산주의에도 친근감을 표했으나 곧 적지 않은 차이를 보이는 그룹이 탄생하게 된다. 즉 그 일부가 주류 리버럴리즘보다 더욱 좌파를 지향하는 '민주적 사회주의자'가 된 것에 반해 오히려 공산주의에 환멸을 느끼고 우전향한 것이 네오콘이다. 둘로 결정적으로 나뉜 것은 1960년대의 일이었다.

네오콘이 회합하는 포럼은 바로 몇몇의 잡지였다. 특히 『퍼블릭 인터레스트』는 네오콘의 창시자인 어빙 크리스톨(Irving Kristol, 1920~2009)이 1956년에 창간한 것으로 이 잡지의 탄생은 네오콘 형성에 한 획을 그었다. 또 다른 네오콘 시조인 노먼 포도레츠(Norman Podhoretz, 1930~)가 편집장으로 있었던 『코멘터리』와 함께 이들 잡지는 네오콘의 영향력 증대에 공헌해 나간다.

이때 흥미로운 것은 1964년 대통령 선거이다. 이 선거는 비명에 죽음을 맞이한 케네디 대통령의 뒤를 이어 현직에 있던 민주당 출신 린든 존슨 대통령과 공화당의 배리 골드워터 상원의원의 대결이었다.

골드워터는 리버테리언 사상을 가졌으며 전통주의적 세력의 지지를 얻은 이른바 보수파 '희망의 별'이라고도 불리는 후보였다. 같은 공화당이라고 해도 드와이트 아이젠하워 대통령이나 그 부통령이었던 리처드 닉슨이 중도파였던 것에 비해 골드워터는 명확한 보수파였다. 골드워터의 등장이야말로 이후의 공화당 보수화의 전조였음이 분명하다.

그러나 선거 결과는 참패였다. 존슨은 골드워터를 반동, 전쟁주의자로 공격했고 큰 차이를 벌리며 재선에 성공했다. 이는 보수파 진영에게 큰 좌절이었으며 이 경험을 통해 보수파는 자기 진영을 재정비하고 근원적 반성을 철저히 해나갔다.

이 당시 훗날 네오콘으로 불리는 이들(이 시점에서는 아직 '네오콘'이라는 말이 없었다. 그들은 자신들을 '리버럴 반공주의'라고 불렀다)은 이 선거에서는 골드워터가 아닌 존슨을 지지했다. 즉, 네오콘 세력은 이때에는 아직 보수파 연합의 한 날개를 형성하고 있지 않았다.

이후 그들은 존슨 대통령의 '위대한 사회' 계획에 환멸을 느끼고, 카운터컬처(반체제문화) 운동과 베트남 반전운동에 반발하면서 민주당이 아닌 공화당을 지지하는 쪽으로 정치적 입장을 전환해 간다. 그런 의미에서는 네오콘이 골드워터 지지 세력과 합류했을 때, 처음으로 레이건 대통령 당선에 이르는 미국 '보수혁명'이 실현했다고 말할 수 있을 것이다.

네오콘의 사상

네오콘은 어떤 사상적 특징을 가지고 있을까.

첫 번째 특징은 독특한 국제주의다. 이미 언급한 바와 같이 미국의 전통적 보수주의는 고립주의 경향이 강하다. 신대륙에 탄생한 아메리카 합중국은 구대륙의 세력 투쟁에 휩쓸려서는 안 된다. 미국은 어디까지나 독자적 길을 걸어야 한다는 생각이 전통적 고립주의의 입장이었다. 이에 반해 네오콘은 국제정치에 보다 적극적인 개입주의 자세를 취한다.

한 가지 요인으로 네오콘의 원류가 리버럴 반공주의에 있었다는 점을 들 수 있겠다. 그들 중 많은 이들은 동유럽에서 이민한 유대계 2세로 소련에 대한 독특한 경계심을 가지고 있었다. 더욱이 반스탈린적 사상 투쟁 경험을 통해 공산주의 이데올로기가 세계적으로 확대하는 것에 극도의 적대심을 품게 됐다. 그들이 미국에 의한 단순한 '봉쇄'를 넘어선 보다 적극적인 국제정치 관여를 주장한 것은 그 결과라고 할 수 있다. 따라서 그들이 냉전 종료 후에도 걸프 전쟁과 이라크 전쟁을 주장한 것은 이러한 국제개입주의의 연장선에 있었다 할 것이다.

두 번째 특징은 리얼리즘이다. 그러나 국제정치학자 모겐소나 닉슨 정권에서 외교를 담당했던 키신저의 그것과는 선을 긋는 리얼리즘이다. 키신저 등의 리얼리즘이 국제정치를 권력과 권력의 투쟁의 장으로 여기는 고전적 리얼리즘이었던 데 반해 네오콘의 경우 국제정치를 도덕적 이념 실현의 장으로서 취급하는 경향이 강하다. 또한 키신저 등이 각국 내정 관여에 역점을 두지 않고 국가 간의 세력 균형에 관심을 집중시킨 데 비해 네오콘은 훨씬 더 각국의 정치체제(레짐)와 그 전환에 큰 관심을 보인다.

그러나 네오콘과 고전적 리얼리스트가 대립만 하는 것은 아니다. 무엇보다 안전보장이나 국제적 정의 실현에 있어 국제법과 유엔 등 국제기관의 정통성과 효과를 의심한다. 또한 규칙을 지키게 하고 침략을 억제하기 위해서는 미국의 패권이 중요하다 생각한다는 점에서 양자의 발상은 유사하다. 즉 유엔 중심주의를 채택하고 국제법의 힘을 중시하는 리버럴리즘과 정반대에 위치하는 것이 바로 네오콘의 입장이다.

세 번째 특징은 사회개혁에 대한 독특한 자세이다. 네오콘이 보수주의로 전향하게 된 직접적인 계기는 이미 서술한 바와 같이 빈곤박멸을 목표로 삼은 존슨 정권의 '위대한 사회' 계획에 대한 환멸이었다. 사회 개조를 극단적으로 추진하면 역효과를 불러일으킬 수밖에 없다. 강제적 인종 융합을 위한 버스 통학과 같이 대규모 국가 개입이 사회의 유기적 연결을 파괴하는 경우가 생긴다. 또한 복지 정책 중시가 복지에 의존하는 사람들을 오히려 증가시키기도 한다. 사회개조에는 한계가 있다는 것이 네오콘의 주요 주장이었다.

그러나 이 점에서는 판단을 유보할 필요가 있다. 일단 네오콘은 시장 메커니즘에 관해 하이에크나 프리드먼과 같은 확신을 가지고 있지 않다. 존슨 정권에 환멸을 느꼈다고는 하지만 원래 그들은 합리적인 사회개혁에 일정한 공감을 표했던 사람들이었다. 따라서 복지국가와 사회보장정책에 관해 리버럴파와 극단적으로 다른 견해를 가지고 있는 것은 아니라 할 수 있다. 오히려 카운터컬처나 베트남 반전운동 등 리버럴파의 '좌경화'에 반발했다고 생각할 수 있다.

원래 초기 네오콘에 가까운 입장이었던 사회학자 다니엘 벨이 1960년에 '이데올로기의 종언'을 주장한 것과 같이 이 그룹에는 이미 이데올로기 대립의 시대는 끝을 맞이했고 이후에는 전문가 집단에 의한 합리적 사회운영을 목표로 해야 한다는 발상이 뿌리 깊게 보인다. 여러 싱크탱크와 연계해 정책 제언에도 적극적인 것을 보면 네오콘에 사회 개혁을 지향하는 면이 있다는 점을 부정할 수 없다.

이상에서와 같이 네오콘의 발상에는 미국의 전통주의와 리버테리안과는 꽤 다른 요소가 눈에 띈다. 보수라고는 하나 공산주의와 리버럴리즘에의 환멸이라는 측면이 강하며 그런 의미에서는 실로 '신보수주의'라고 할 것이다. 그러나 1970년대 이후 네오콘은 점차 전통적 보수주의와 합류하는 경향을 보이며 마침내 1980년의 로널드 레이건 대통령 당선, 즉 '보수혁명'에 다다르게 된다.

'보수혁명'은 무엇을 초래했는가

문제는 그러한 보수혁명이 어떤 결과를 가져왔는가다. 부정할 수 없는 결과는 바로 미국 정치의 분단화이다. 전통적으로 미국은 강고한 사회주의와 보수주의가 존재하지 않는, 이른바 자유주의를 중핵으로 하는 중도주의가 우위를 점하는 정치문화로 여겨져 왔다. 모든 이데올로기적 대립은 자유주의 내부에서 전개돼 유럽 등과 비교해서도 정치적 분단이 적은 사회로 이해되어 온 것이 일반적이었다.

게다가 1930년대 프랭클린 루스벨트 대통령의 뉴딜 정책 이후, 개인의 자유 실현에 있어 정부가 주도적인 역할을 맡아야 한다는 이른바 리버럴리즘에 대한 컨센서스가 널리 확립되었다. 그 결과 1960년대에 이르기까지 이 리버럴 컨센서스의 시대가 이어진 것이다.

그러나 이미 서술한 바와 같이 1960년대 중반 이후 이와 같은 상황은 크게 변화해 간다. 그때까지 분산적이었던 보수주의의 다양한 조류가 상호 결집해 하나의 정치적 세력을 형성하는 한편, 카운터컬처 운동과 베트남 반전운동을 통해 리버럴파 내부에서도 대립이 격화, 그 일부가 보수파로 전환했다.

그 결과 정치적 대립의 쟁점 축 또한 변화했다. 1960년대에 이르기까지 민주당과 공화당의 커다란 쟁점은 '큰 정부'냐 '작은 정부'냐를 둘러싼 것이었다. 그러나 이후 미국 정치의 대립 축에서는 인공임신중절이나 동성애 문제 등 윤리적 쟁점의 중요성이 증대되어 간다.

그 배경에 있는 것은 기독교 보수파의 움직임이었다. 일찍이 남부를 중심으로 하는 기독교 보수파는 정치에 거리를 두거나 민주당을 지지하는 것이 일반적이었다. 그러나 1970년대 이후 기독교 보수파는 공화당 지지로 돌아서게 되었고 그 중요한 지지기반이 되어 간다. 그들 대부분은 1960년대 후반의 공민권운동과 카운터컬처 운동에 대한 반발에서 민주당 지지를 철회했고 보수파로 주도권이 넘어간 공화당에 친근감을 느끼기 시작했다.

그리하여 '큰 정부'와 '작은 정부'라는 경제적 쟁점이 종교적, 윤리적인 쟁점과 연동하며 좌우 정치적 분극화를 추진하게 되었다. 일찍이 골드워터를 지지하고 공화당 보수화의 한 날개를 담당한 레이건이 1980년에 대통령 선거에서 승리한 것은 그 큰 획을 긋는 일이었다. 이후 미국 정치는 '보수 우위의 시대'로 들어서게 된다.

보수 우위의 시대

　보수혁명 이후, 미국에서는 스스로를 보수파로 생각하는 사람이 스스로를 리버럴파라 일컫는 사람보다 훨씬 많은 상태가 이어지고 있다. 2010년대에 들어선 오늘날에도 그 추세에는 변화가 없으며 기본적으로는 보수파가 리버럴파의 2배 가까운 수를 유지하고 있다.(『아메리칸 이데올로기』) '리버럴'이라는 말은 정부 예산의 무한 확대를 허용하는 무책임과 성적, 윤리적 방종을 함의하게 되어 자각적인 좌파 이외는 리버럴을 자칭하는 일이 없어졌다.

　물론 변화가 없는 것은 아니다. 우선 우위를 빼앗긴 민주당 내부의 자기 개혁 움직임과 빌 클린턴 대통령의 새로운 민주당(new democrat) 노선, 그리고 오바마 대통령의 '변혁'을 호소하는 시도는 어느 정도 성공을 거두었다고 할 수 있을 것이다. 그러나 이는 재정적 보수주의와 종교적 보수 일부를 흡수하고자 하는 시도로 보수화 시대의 리버럴파의 생존전략이라고도 할 수 있겠다. 적어도 보수 우위의 시대를 근본적으로 전환하고자 하는 것이 아니었다는 것은 틀림없다. 좌우 화해를 호소한 오바마 대통령이 민주당, 공화당의 좌우 대립 경직화에 의해 무력화된 것이 상징적이다.

　다른 한편, 네오콘 주도의 이라크 전쟁 또한 보수주의 내부의 균열을 확대하는 것이었다. 이미 서술한 바와 같이 네오콘의 국제개입주의는 보수파 내부에서도 특이한 것이었다. 그런 의미에서 수렁에 빠진 이라크 전쟁은 네오콘의 고립과 무력화를 가져왔다고 할 수 있다. 이후의 보수파에게는 고립주의로의 회귀가 강하게 나타나고 있다.

나아가 자신의 '회심(born again)' 체험을 이야기하며 종교적 보수주의에 친근감을 숨기지 않았던 조지 W. 부시 대통령 시대에 전통주의가 힘을 가졌다고 한다면 티파티 운동에서는 오히려 리버테리언적 경향이 강하게 나타나고 있다. 전통주의와 리버테리언의 연합이 곧 붕괴할 것이라고는 생각하기 어렵지만 양자의 결합이 이후 어떻게 변화해 갈지 예측하기도 어렵다. 좌우 분극화가 진행되는 동시에 보수주의 내부의 분극화도 진행될지도 모르겠다.

미국 보수주의가 가지는 의미

이와 같은 현대 미국 보수주의를 어떻게 평가해야 할까. 분명 현대 미국의 보수주의는 전통적인 보수주의와는 꽤 다른 성격을 가지고 있다. 특히 시장화와 민영화, 나아가 그 근저에 있는 '작은 정부'에의 강한 지향은 현대 미국 보수주의의 현저한 특색이라고 할 수 있다. 그 배경에는 미국 사회에 깊게 뿌리내린 풀뿌리 레벨의 개인주의와 반정부적 감정이며 이 점에서 미국만의 특수한 현상이라고도 할 수 있을 것이다.

다시 한 번 말하지만 기독교적 초월적 신앙에 대한 강한 고집도 미국 보수주의만의 특색이다. 유럽 등의 보수주의에서는 반드시 찾아볼 수 있는 경향은 아니며 세계적으로도 이후 종교적 보수주의와 정치적 보수주의가 연동할지는 불분명하다. 그만큼 미국 보수주의의 특이성에 눈길이 갈 수밖에 없다.

다만 시장화와 종교화가 오늘날 세계를 볼 때 가장 중요한 요인이라는 것을 부정하기는 힘들다. 대처 정권과 레이건 정권에 의해 시작된 시장화 경향은 경제 글로벌화와 함께 세계를 움직이는 원동력이 되었다. 덩샤오핑(鄧小平)의 개방정책 이래 시장 사회화를 추진한 중국의 대국화를 봐도 앞으로도 시장화는 계속해서 세계의 키워드가 되지 않을까.

종교화 또한 현대 세계에서 널리 보이는 현상이다. 이란의 호메이니 혁명 이래 중동의 이슬람 부흥은 지역의 불가역적 변화를 가져왔다. '이슬람국가(IS)'의 활동과 유럽에서의 테러 사건을 계기로 '종교'는 현재 다시 한 번 큰 주목을 받고 있다. 일찍이 근대화와 세속화를 동일시해 종교의 사회적 영향력 저하는 필연적이라 생각하는 경향이 강했던 유럽에서조차 현대 독일 철학자 위르겐 하버마스에 의해 '포스트 세속화 시대'가 뜨거운 논점이 되고 있다. 시대의 조류가 바뀌었다고 할 수 있겠다.

그렇다면 현대 미국의 보수주의는 오늘날 세계의 장래를 점치는 데 있어 간과할 수 없는 시장화와 종교화라는 두 요인을 결합하고 있다 할 수 있을 것이다. 미국 보수주의의 새로운 전개를 단순히 미국적 현상으로 이해하는 것도 단편적일지 모르겠다. 적어도 현대 보수주의에 내포된 다양한 방향성을 검토하는 데 미국의 사례가 아주 중요한 의미를 가지는 것은 분명하다.

제4장

일본의 보수주의

마루야마 마사오와 후쿠다 쓰네아리

그 존재를 둘러싸고

영미권 이외의 보수주의

이제까지 프랑스 혁명과 싸운 보수주의, 사회주의와 싸운 보수주의, 그리고 큰 정부와 싸운 보수주의를 살펴봤다. 그 중심이 된 것은 러셀 커크의 『보수주의 정신』에 묘사되어 있듯 영국과 미국이라는 앵글로색슨 양국이었다.

물론 다른 나라에 보수주의자라고 불리는 이들이 없는 것은 아니다. 그러나 이 책의 서두에서 밝힌 바와 같이 버크를 기준으로 본다면 보수주의는 ①구체적인 제도와 관습을 지키고, ②그러한 제도와 관습이 역사 속에서 배양되어 왔다는 점을 중시하며, 나아가 ③자유를 유지하는 것을 소중하게 여긴다. 또한 ④민주화를 전제로 하면서도 질서 있는 점진적 개혁을 추구한다.

그런 의미에서 단순히 과거에서 가치를 발견하고자 하는 사고가 모두 보수주의라고 불리는 것은 아니다. 더구나 지식 사회학자 카를 만하임이 말하는 변화 일반에 대한 혐오와 반발로서의 '전통주의'와는 명확히 구별해야 한다. 보수주의는 어디까지나 자유라는 가치를 추구하는 것으로 민주주의를 완전히 부정하는 반동과 복고주의와는 다르다. 보수주의는 고도로 지각적인 근대적 사상이다.

그렇다면 일찍이 보수, 지켜야 할 자유 체제를 확립한 영미 양국에서 보수주의의 확립이 선행한 것은 이상할 것 없다. 버크의 눈앞에는 명예혁명에 의해 세워진 영국 헌정이 있었으며, 미국에는 왕정이나 귀족제의 과거가 존재하지 않고 자유주의를 건국 사상으로 하는 독자적 출발점이 있었다.

이에 비해 전통적 정치 체제가 긴 시간 존속, 오히려 그 타도가 정치적 근대화의 과제였던 나라들—세계사 속에서는 이쪽이 일반적이며 영미의 경우가 예외일지도 모르겠다—에서는 전통을 부인하는 정치적 급진주의와 그에 반발하는 세력이 충돌해 자유질서 확립을 향한 점진적 개혁을 주장하는 보수주의가 확립할 수 있는 여지가 적었다고 할 수 있다.

실제로 혁명의 나라 프랑스에서도 긴 시간 '보수주의'는 존재하지 않았다. 프랑스 혁명에 반발해 부르봉 왕조라는 옛 시절로 돌아가고자 하는 '반동'과 더 이상의 혁명에 제동을 거는 '자유주의' 세력은 존재했어도 현행 정치제도를 자각적으로 '보수'하고자 하는 세력은 좀처럼 생겨나지 않았다.

프랑스에서 '보수주의자'라고 불리는 사람들 중 대부분은 실제로는 정통왕조주의자(부르봉 왕조에의 복귀를 바라는 사람들)와 가톨릭주의자, 나아가 내셔널리스트로 그들은 대부분 현행 정치체제에 충성심을 가지지 않았다. 참고로 최근 프랑스에서 『우파 사상사』라는 책을 쓴 연구자가 있다. 그 저작의 부제가 '불가능한 보수주의'라는 것이 이를 상징한다 할 수 있겠다.(François Huguenin, *Histoire intellectuelle des droites: Le conservatisme impossible*, 2013)

마루야마 마사오의 보수주의론

그렇다면 일본의 경우는 어떨까. 일본의 정치적 근대화 기점을 메이지 유신에서 찾을 것인가, 아니면 제2차 세계대전 후의 개혁에서 찾을 것인가. 두 경우 모두 그 이전의 정치체제와 명확한 단절에 의해 근대화가 추진되었다는 점에서 공통점을 가지고 있다. 따라서 정치적 급진파와 그에 대항하는 세력은 존재했어도 보수주의가 확립하기는 어려운 정치적 토양이었다고 말할 수 있을 것이다. 그러나 과연 일본에 보수주의가 존재하지 않는다고 단언할 수 있을까. 일본의 보수주의에 관해 몇몇 견해를 검토하고자 한다.

먼저 정치학자 마루야마 마사오(丸山眞男, 1914~1996)의 보수주의론을 살펴보고자 한다. 마루야마라고 하면 보통 전후 일본을 대표하는 '근대주의적 지식인'으로 불린다. 일본의 과거와 전통을 **한결같이** 극복해야 할 대상으로 파악한 이론가로 회자되는 경우가 많다. 그러나 마루야마의 사고는 그보다 훨씬 복잡한 것이다. 실제로 그의 논의를 꼼꼼히 검토해 보면 보수주의 또는 '건전한 보수주의'라고 부를 수 있는 것들의 결여를 한탄하는 듯한 발언이 눈에 띈다.

마루야마는 1957년 「반동의 개념」이라는 논문에서 다음과 같이 서술하고 있다. "일본에 보수주의가 지적·정치적 전통으로 거의 뿌리 내리지 못했던 것이 한편으로는 진보 '이즘'이 풍미한 데 비해 약한 진보 **세력**을 탄생시켰고, 다른 한편으로는 보수주의 없는 강한 '보수' 세력이라는 역설을 탄생시킨 요인이 되었다."(강조는 원문)

극히 아이러니컬한 표현을 하고 있지만 말하고자 하는 바는 명확하다. 마루야마가 보기에 일본에서는 지적으로도 정치적으로도 보수주의가 분명히 정착하지 않았다. 즉, 현행 정치제체를 자각적으로 지키고자 하는 세력은 끝끝내 나타나지 않았던 것이다. 대신 눈에 띄는 것은 막연히 진보를 믿던지, 그렇지 않으면 유야무야 현상 유지를 선호하는 태도였다.(양자는 동일 인물 속에 병존할 수도 있다.) 결과적으로 명확히 정치적 혁신을 목표로 하는 세력은 항상 소수였으며 눈에 띈 것은 사상 없는 보수 세력이었다.

마루야마는 어떤 의미에서 신념을 가진 보수주의를 바랐다고 말해도 무방할 것 같다. 존중해야 할 원리를 내걸고 현행 정치 체제를 자각적으로 보수하는 세력이 있다면, 이와의 대결을 통해 혁신을 지향하는 쪽도 자신의 사상과 실천을 충분히 단련할 수 있다. 반대로 보수주의 쪽 또한 그 자각이 보다 깊어질 수 있을 것이다. 그러나 명확한 보수주의가 존재하지 않고 아무 생각 없는 진보 지향과 지지부진한 현상 유지가 병행할 때 모두가 엉거주춤 질질 끄는 상태로 사상적 긴장관계는 부재하게 된다.

마루야마는 『일본의 사상』(1961)에서 일본 사상의 '좌표축' 결여를 지적하고 있다. 또는 그 속에서 보수주의 부재라는 관심과도 통하는 문제의식을 발견할 수 있을지도 모른다. "모든 시대의 관념과 사상에 가부 없이 상호 관련성을 부여하고, 모든 사상적 대립의 장이 그것과의 관계에서—부정을 통해서라도—자기를 **역사적으로** 위치시키고자 하는 중핵 또는 **좌표축**에 해당하는 사상전통은 우리나라에는 형성 되지 않았다."(강조는 원문)

새로운 유행 섭취에 열심인 일본의 전통은 차례차례 외래 사상과 제도를 수입했으나 그것들은 축적되지도, 상호 관련되지도 않고 어느 샌가 '망각'되었다. 불교와 유학에서 시작, 기독교와 마르크스주의에 이르기까지 모든 사상은 구조화되지 않은 채로 수용되었다. 그것은 어느 샌가 의식의 밑바닥에 처박혔고,

반대로 어느 순간 돌발적으로 '상기된다'. 일본의 사상은 그 연속이었다고 마루야마는 말하고 있다.

조금씩 진행되는 변화는 있어도 자각적인 보수주의는 결국 형성되지 않았다. 이런 마루야마의 판단은 적확한 것이었는가. 또 다른 인물의 보수주의론을 살펴보고자 한다.

후쿠다 쓰네아리의 보수주의론

마루야마와는 대조적으로 전후 일본을 대표하는 '보수주의적 지식인'으로 종종 일컬어지는 인물이 바로 영문학자이자 문예평론가인 후쿠다 쓰네아리(福田恒存, 1912~1994)다. 그의 논의를 검토하고자 한다.

솔직히 이야기하자면 후쿠다는 자신을 '보수주의자'라고 생각하지 않았다.(이 점에서 하이에크와 조금 닮아 있다.) 후쿠다는 「나의 보수주의관」의 서두에서 다음과 같이 적고 있다. "내 삶의 방식 또는 사고방식의 근본은 보수적이지만 나 자신을 보수주의자라고 생각하지는 않는다."

이는 어떤 의미일까. 후쿠다에 따르면 보수는 우선 태도의 문제로 이데올로기의 문제가 아니다. 원래 이데올로기로 선행한 것은 혁신주의다. 현상에 강한 불만을 가진 인간이 일정한 세계관을 가지고 혁신을 주장한다. 이러한 혁신주의에 대해 반발심을 느끼는 자신을 인식한 것이 보수파이다. 즉 보수는 반드시 혁신에 뒤따라 등장하게 된다는 것이다.

이러한 보수파는 이데올로기를 필요로 하지 않는다. 자신의 생활 감정을 바탕으로 필요한 개혁을 실행하면 될 뿐이다. '보수주의'라는 대의명분을 내세워 스스로를 정당화 하고자 하면 오히려 '반동'이 돼버린다. 영문학자인 후쿠다는 종종 엘리엇을 참조해 '문화'는 삶의 방식이라 논했다. 또 보수는 과거를 존중하는 하나의 삶의 방식으로 이런저런 이론과 구실을 내세워 상대를 설득할 필요가 없는 것이라고 주장했다.

후쿠다는 이와 같은 신념을 바탕으로 혁신주의와 진보주의를 계속해서 비판했다. 그렇다고 해서 일본의 문화의 연속성에 관해 결코 낙관적이었던 것만은 아니다. "일본의 경우, 중세와 근세 그리고 근세와 근대는 각각의 시대에 전체적 관념을 새로 고쳐 쓰길 요구받아 왔다. 그뿐 아니라 전전과 전후에도 고쳐 쓰는 것이 필요하다 이야기돼 왔습니다. 그런 곳에 전통과 역사의 관념이 생길 리 만무합니다."(「절대자의 역할」) 일본 역사를 특징짓는 것은 단절이며 그때마다 역사는 근본적으로 고쳐 쓰여 왔다. 이렇게 단정하는 후쿠다는 오히려 일본의 전통 부재를 한탄했다.

후쿠다는 일본과 유럽을 대조한다. 종교개혁과 르네상스가 유럽 근대의 시작이라 보통 이야기하지만 이 둘도 단순한 과거로부터의 단절이 아니라 중세 이래의 점진적 변화의 귀결이다. 유럽의 경우 특징적인 것은 통일성으로 기독교를 중심으로 그 일관성이 근대까지 이어진다. 이에 비해 일본의 과거를 뒤돌아 보면 단적으로 역사성이 결여되어 있다. 일본 근대에 부정되어 야 할 신은 존재하지 않았으며 메이지 유신으로 천황제가 전면 에 등장한 것도 어떤 의미에서 그 공허함을 메우기 위한 것일 뿐이었다고 후쿠다는 말한다.

후쿠다에 따르면, 진보주의의 자기기만은 이러한 단절을 정 면에서 인정하지 않았다는 것을 의미한다. "전전에서 전후로의 전환에는 연속이 없다. 연속이 없는 이상 그것은 진보라고 할 수 없다. 진보주의의 입장에서는 이를 혁명이라 부르고 싶을 것 이다. 그러나 사실은 정복이 있었을 뿐이다. 정복을 혁명으로 바꿔치기해 그를 통해 진보를 인정한 것에 진보주의의 독선과 허술함이 있다."(「진보주의의 자기기만」) 후쿠다에 따르면 전후 개 혁은 점령군에 의한 '정복'으로 이를 직시하지 않았던 것이 진 보주의의 잘못이었다.

후쿠다는 나아가 진보주의에 있어 "정복에 의한 단절을 극복 하고 어떻게든 연속을 발견하여 그 가교를 만드는 것, 바꿔 말 하면 정복에 의한 유사혁명을 진보 속에 흡수시키는 것, 그것이 가장 중요한 임무이지 않았을까"(같은 글) 하고 지적한다. 후쿠 다가 보기에 전후 진보주의는 그러한 임무를 맡기는커녕 반동적이라며 피해버렸다.

이와 같은 후쿠다의 논의는 사실 마루야마의 보수주의론과 통하는 면이 있다. 두 사람 모두 일본 역사를 관통하는 사상적 연속성의 결여에 착목해 결과적으로 명확한 전통이 형성되지 않았다고 주장한다는 점에서 일치하고 있기 때문이다. 이 점에서 보자면 보통 대조적으로 파악되는 두 사람은 동전의 양면과 같은 관계였을지도 모르겠다.

마루야마가 일본의 연속성 결여를 전제로 굳이 '허망'한 전후 민주주의에 주목했다면 후쿠다는 이를 부인하고 에도 시대 이래 민중의 삶의 방식을 평가했다. 인간은 과거 없이 살아갈 수 없다고 생각한 후쿠다는 어디까지나 '태도'로서의 보수를 옹호했던 것이다.

「정통과 이단」

이와 같은 보수주의와 밀접히 관련된 '정통(orthodoxy)'이라는 논점이 있다. 이 책에서도 이미 영국 보수수의를 논하면서 체스터턴의 『정통』에 관해 살펴보았다. 체스터턴에게 정통이란 스스로를 이성적이라고 생각하는 인간의 교만을 비판하기 위한 기독교적 초월 신앙을 의미했다. 인간이 스스로를 절대시하지 않게 위해서 현세를 넘어선 시점이 필요하다. 체스터턴에게 '정통성'이란 이러한 시점을 부여해 주는 것이었다. 유럽 사회 속에서 기독교는 그 비판을 포함해 '정통성'의 기축이 되었다.

바꿔 말하면 유럽 사상은 '정통'과 '이단' 대결의 역사였다. 인간의 원죄와 삼위일체 교설을 중심으로 정통적 교의를 확립한 기독교에는 역설적이지만 반복적으로 이단적 교의와 실천이 등장했다. 명확한 '정통'이 있기 때문에 그에 도전하는 '이단'이 생겨날 수 있다. 양자의 대결 관계가 기독교 사상의 다이내미즘을 만들어낸 것이다. 이와 같은 전통은 '신의 죽음'을 주장한 니체 등 근현대 사상까지 이어져 오고 있다.

그렇다면 과연 일본 사상에 '정통'은 있을까. 이 문제에 독특한 고집을 지속적으로 보인 이가 바로 마루야마 마사오다. 마루야마는 1950년대 후반 지쿠마쇼보의 『근대일본사상사 강의』 속에서 「정통과 이단」이라는 챕터를 구상, 자신이 이를 담당하려 기획했었다. 이를 위해 연구회를 단속적으로 열었고 이후 30년 가까운 기간에 걸쳐 검토가 계속되었다고 한다. 그 목적은 근대 일본의 '정통'을 천황제국가에서 발견, 자유민권운동이나 마르크스주의를 그에 대항하는 '이단'으로 그려내는 데 있었다. 그러나 결국 이 책은 미간행으로 남았다. 왜 이 기획은 실현되지 않았을까.

원래 「정통과 이단」이라는 시점이 서구 기독교 사회를 전제로 한 것이기에 일본에 잘 적용되기 어렵다는 것, 또한 일본어로 orthodoxy나 legitimacy가 모두 '정통성'으로 번역돼 이 둘의 개념적 구별이 어렵다는 것 등 몇 가지 이유를 꼽을 수 있을 것이다.(마루야마는 이를 'O정통', 'L정통'으로 구별한다.) 하지만 남겨진 자료 등을 살펴보면 몇몇 흥미로운 지적이 남아 있음을 알 수 있다.

예를 들어 마루야마는 다음과 같이 발언하고 있다. "일본의 자유라고 하는 것 속의 orthodoxy(정통)—그것이 서양의 자유와는 크게 다른 점입니다. constitutionalism(입헌주의)이라는 것에 매개되어 있지 않죠. (중략) 그렇게 때문에 기구라는 것의 대결이 없습니다. (중략) 프레임이 없는 것, 제도가 없는 것이 자유인 것처럼 파악하는 것……."(후지타 쇼조, 『이단론 단장』)

이 책에서도 이미 논한 바와 같이 버크를 대표로 하는 보수주의는 어디까지나 구체적 제도를 통해 자유를 보호 유지하는 것이었다. 이에 비해 일본에서는 자유에의 주장이 구체적 제도나 기구와 관련돼 논의되지 않았으며 결과적으로 입헌주의와도 연결고리를 가지지 않았다는 것이 마루야마가 내린 진단이다.

제도가 제도로 확립되지 않고 항상 상황화되는 것. 이와 같은 사태는 전후에 더욱 악화했다고 마루야마는 지적한다. "역시 일본국 헌법이 정착하지 않는 것은—정착하지 않았다는 것은 권력 쪽의 이야기로 국민 사이에서는 정착해 있지만—즉 제도로서 견고하지 않으며 제도가 상황화돼 있다는 것… (중략) 그것이

전후의 두드러진 특색이 아닐까 생각합니다."(같은 책)

　이와 같은 마루야마의 분석이 적확하다고 한다면 일본의 정치와 사상에 '정통'은 없으며 특히 전후 사회에서는 제도가 제도로 확립하지 않고 모두 상황화됐음을 의미한다. 그렇다면 일본에서 보수주의는 전혀 성립하지 않았다고 볼 수도 있을 것이다.

　그러나 마루야마도 후쿠다도 이렇게 논하면서도 전전과 전후 사이의 사상과 정치에서 '단절'을 극복하고 거기에서 어떠한 연속성을 발견하고 싶다는 바람, 또는 발견해야 한다는 주장을 잠정적으로 공유하고 있다. 마루야마에 관해서는 이후에 검토할 '중신적(重臣的) 리버럴리즘'론이 중요하며 후쿠다의 경우 "단절을 극복하고 어떻게든 연속을 발견, 그 가교를 만드는 것. 바꿔 말하면 정복에 의한 유사 혁명을 진보 속에 흡수시키는 것"이라는 지적이 시사하는 바는 아주 크다.

　따라서 다음 절부터 근현대 일본의 보수수의에 관해 감히 하나의 이론적 겨냥도를 제시하고자 한다. 이를 통해 일본에도 보수주의가 존재했음을 주장하는 것이 그 목적이다.

근대 일본의 본류

초창기—메이지 20년대

먼저 근대 일본의 역사에서 보수주의에 관해 살펴보고자 한다. 사실 명칭 하나만 보더라도 일본의 보수주의 존재는 결코 자명하지 않다. 대표적 보수주의 사상가라고 해도 그 이름을 떠올리기란 쉽지 않으며 정당 이름의 경우도 '보수당'이라는 정당이 거의 존재하지 않았던 점이 시사하는 바가 있을 것이다.

사회주의 정당은 제쳐두고라도 전전의 정당명에서 눈에 띄는 것은 오히려 '자유', '입헌', '헌정', '진보', '혁신'이었다. 영국에서 1830년대에 이미 토리당이 보수당이라고 불리게 된 것과는 대조적이다.

그러나 정치사상사가 하시카와 분소(橋川文三, 1922~1983)에 따르면 근대 일본에 보수주의가 전혀 존재하지 않았던 것은 아니다. 하시카와는 일본의 보수주의 출발점을 메이지 20년대 (1887~1896)에서 발견한다.(「일본 보수주의의 체험과 사상」) 메이지 유신 후 어느 정도 시간이 흐르면서 변화에 대한 단순한 반발을 넘어서 일정한 반성적 의식을 가진 이들이 등장했다는 사실이 그 배경에 있다. 1889년 메이지 헌법 제정은 유신 이후의 진보와 개혁이 하나의 체제로서 확립한 것을 의미한다. 이와 같은 체제를 전제로 의식적 보수주의 사상이 태어난 것은 결코 우연이 아니다. 적어도 버크적 의미에서 보수주의를 파악한다면 모토다 나가사네(元田永孚)나 니시무라 시게키(西村茂樹)와 같은 에도 시대 말기부터 알려진 지식인이 아니라 메이지 20년대에 활약을 시작한 세대에 착목해야 한다는 것이 하시카와의 주장이다.

하시카와가 메이지의 자각적 보수주의의 효시로 제시하는 것은 조슈 출신 군인, 정치가였던 도리오 고야타(鳥尾小弥太, 1847~1905)다. 도리오는 '보수'라는 말을 자신의 정치적 입장을 표하기 위해 명확히 이용한 최초의 인물이다. 그는 헌법 공포한 해 전인 1888년(메이지 21년) 「보수당 중정파 주의서와 입당 대의」라는 글을 발표했다.

도리오는 이 선언에서 다음과 같이 말한다. "보수는 수성(守成)을 주로 하여 결과를 수용하는 것을 목적으로 한다. 지금 그 뜻을 분명히 하기 위해 그 반대를 제시하고자 한다. 우리의 반대설을 일컬어 개진·급진 등이라 한다. 이 개진·급진론자는 결과를 버리고 그 상상을 목적으로 해 국가를 개조하고자 하는 이들이다. 이 국가 개조설은 멈출 곳을 모른다.(멈춘다면 그것은 개진이 아니니, 변하여 보수가 된다.)"(사시하라 야스조 편, 『메이지 정사』)

나아가 도리오는 "보수는 파괴하는 것을 싫어한다. 변화하는 것을 반드시 싫어하지는 않는다. 그러나 변하지 않아야 할 것을 변화시킬 때에는 파괴하는 것이 된다."(「신하의 벗」)는 말도 남겼다. 보수주의를 급진주의와 대비하는 한편 반드시 변화를 부정하는 것만은 아니라고 주장하고 있다. 이는 보수주의의 주지를 잘 파악한 표현이라 하겠다.

'공사 중'인 보수해야 할 체제

그러나 기병대 출신 도리오는 야마가타 아리토모(山縣有朋) 등 육군 주류파에 의해 배제돼 큰 정치적 영향력을 가지지는 않았다. 보수당 중정파의 경우도 귀족원을 중심으로 하는 잡다한 세력을 모은 것에 지나지 않았다. 결과적으로 보수주의로서 하나의 유력한 조류를 형성하는 데는 이르지 못했다.

덧붙이자면 하시카와는 나아가, 도리오의 「보수당 중정파 주의서와 입당 대의」 발표와 같은 해에 미야케 세쓰레이(三宅雪嶺), 시가 시게타카(志賀重昂), 스기우라 주고(杉浦重剛) 등이 세이쿄샤(政敎社)를 결성하고 기관지로 잡지 『일본인』을 발행한 것에 주목했다. 그리고 그 다음해, 구가 가쓰난(陸羯南)이 신문『일본』을 발행하고 그 주변에 보수주의자가 모였다는 것에도 주목하고 있다. 그런 의미에서 메이지 20년 전후는 실로 일본의 보수주의 초창기라고 할 수 있을 것이다. 그러나 하시카와는 그들 대부분이 오히려 '내셔널리스트'로 불려야 하며, 스스로 '보수'를 표방한 것이 아니라는 점을 지적하고 있다. 그들은 개화파에 의한 일본 전통 파괴에 반발해 국가와 국민의 본질적인 존재 방식으로서의 '국수의 보존'을 주창했으나, 정치제도의 보수와 그 점진적 개혁을 주장하지는 않았다. 버크적 의미에서의 보수주의와는 역시 구별되어야 하겠다.

이상의 사태는 당연한 것일지도 모르겠다. 버크에게는 보수해야 할 자유 체제가 존재한 것에 반해 메이지 유신 이후 일본의 경우 모리 오가이(森鷗外)가 서술한 바와 같이 모든 것이 '공사 중'으로 그때부터 만들고 구축해 나가야만 했다. 급진적 변혁에 반발하는 이는 있어도 감히 현행 질서와 제도를 자각적으로 보수하고자 하는 움직임은 빈약했다.

하시카와는 다른 논고 속에서 "일본의 근대적 보수주의의 사상 전통의 경우에도 정치적 전통의 경우에도 안정된 실체를 형성하지 않았다. 이는 아마 일본의 근대국가로의 급속한 형성을 가능케 한 사정과 같은 것에 기반을 둔 것이다. 또한 반대로 보수주의의 사회적 불안정성이 일본의 근대화를 이렇게까지 급속히 진행시켰다고도 할 수 있을 것이다"(「보수주의와 전향」)고 지적하고 있다. 너무나도 분주하게 이루어진 일본의 근대화는 성숙한 보수주의의 성립을 용납하지 않았으며, 반대로 그것이 급속한 근대화를 가능하게 했다는 것이다. 하시카와의 스승이었던 마루야마 마사오와 상통하는 발상이었다.

이토 히로부미―급진적 관료에서 점진적 정치가로

하지만 그렇다고 해서 근대 일본에 전혀 보수주의가 존재하지 않았다고 말할 수 있을까. 이 점에 관해서는 좀 더 검토해 볼 여지가 있을지도 모른다. 여기서 검토해 보고자 하는 이가 바로 메이지 헌법을 기초하는 데 있어 주도적 역할을 했던 이토 히로부미(伊藤博文, 1841~1909)다. 헌법 기초자였던 이토가 자신이 만들어낸 메이지 헌법 체제의 '보수'에 가장 큰 관심과 정열을 가진 인물이었다고 해도 이상할 것 없다.

이토는 이해조정이 장기인 현실주의적 정치가 이미지가 강하다. 요시다 쇼인(吉田松陰)이 젊은 날의 이토를 '주선가(周旋家)'라 평가했던 것은 잘 알려져 있다. 조슈의 다카스기 신사쿠(高杉晋作)와 기도 다카요시(木戸孝允), 사쓰마의 사이고 다카모리(西鄉隆盛)와 오쿠보 도시미치(大久保利通)라는 유신 제1세대와 비교해 이토 히로부미는 훨씬 사상성이 희박한 실무적 인물로 이해되는 경우가 많다. 필연적으로 아카데미즘에서의 이토에 대한 주목도는 최근에 이르기까지 그다지 크지 않았으며 소설 등에서도 주역으로 그려지는 경우가 희박했다.

그러나 이와 같은 이토의 이미지는 최근 들어 급속히 변화 중이다. 예를 들어 법제사가인 다키이 가즈히로(瀧井一博)에 따르면 이토는 오히려 '지(知)의 정치가'였다고 한다.(『이토 히로부미─지의 정치가』) 막부 말기 짧은 영국 유학에서 영어를 배운 이토는 메이지 시대에 들어서도 영자 신문과 양서를 즐겨 읽었다. 이토는 자신이 최고라는 자세를 고수해 반발을 사는 경우도 많았지만 젊은 시절의 쓰다 우메코(津田梅子)에게 "미국을 아는데 가장 좋은 책"으로 알렉시 드 토크빌의 『미국의 민주주의』를 추천했다는 에피소드에서도 알 수 있듯 이토의 서양 이해는 결코 과소평가할 수 없는 것이었다.

또한 훗날, 이토는 버크의 "대의원은 국민 전체 이해의 봉사자"라는 말을 즐겨 언급했다고 한다. 의원은 개별적 이해의 대변자가 아니라 국민 전체의 이해를 대표해야만 한다. 원로의 필두이면서도 스스로 정당 창설에 적극 나서 입헌정우회의 초대 총재가 된 이토는 틀림없이 버크 사상을 잘 이해하고 있었다.

다키이에 따르면 이토에게 문명이란 다름 아닌 바로 제도였다고 한다. "나라에 조직이 생긴 후에야 나라가 처음으로 시동한다. 유럽의 모든 나라는 이와 같았다. (중략) 그런데 동양의 반

면은 죽었다. 이는 동양의 국가에는 조직 없음에 기인한다."(대
만회에서의 강연, 『이토 히로부미 연설집』)

서양 제국의 발전 기초는 그 조직이며 제도이다. 이토에게 이
를 알려준 것은 기도 다카요시였다. 이와쿠라 사절단으로 서양
제국을 방문하며 기도는 각국의 헌법과 중요 법령을 번역시켜
의회 제도를 세밀히 조사하는 한편 루돌프 폰 그나이스트(Rudolf
von Gneist) 등 저명 학자를 통해 구미 제국의 제도 파악하는 데
여념이 없었다.

이토는 이런 기도의 추천으로 옛 로마 땅을 방문한다. 로마의
오랜 역사를 뒤돌아보며 일본의 과제가 문명국으로서의 제도적
틀을 정비하는 것이라고 인식했을 때, 이토는 이것이 시간을 필
요로 하는 것이라고 실감했다. 다키이는 이 순간이야말로 급진
적 개혁 관료였던 이토가 점진적 개혁정치가로 변화한 순간이
었다고 평가한다.

보수주의의 담당자

그러나 곤란한 점 또한 이토의 눈에 분명히 보였다. 유럽 제
국의 헌법 정치는 역사가 있으며 오늘날 많은 나라에서 자명한
원리가 되어 있다. 이에 비해 "헌법 정치는 동양 제국에 있어 일
찍이 역사에 징증(徵證)할 수 없는 것으로, 이를 우리 일본에 시

행하는 것은 완전히 새롭게 만드는 일을 피할 수 없다."(추밀원에서의 강연, 『이토 히로부미 연설집』) 일본을 포함한 동양의 여러 나라에 있어 헌법 정치는 완전히 새로운 시도였다. 이러한 시도를 0에서부터 새로 만들어 나가는 어려움을 이토는 강렬히 인식하고 있었다.

더욱이 이토는 원래 헌법 정치에는 그 나라의 정신적 '기축'이 되는 것이 필요하지만 과연 일본에 그러한 '기축'이 있는가를 문제시한다. "본디 유럽에는 헌법 정치의 맹아가 되는 것이 천년 넘게 단지 인민의 이 제도에 습숙되었을 뿐만 아니라, 또한 종교라는 것이 있어 이것이 기축이 돼 깊이 인심에 침윤하였고 인심은 이에 모두 귀일되었다. 그러나 우리나라에 있어서는 종교라는 것이 그 힘이 미약하여 전혀 국가의 기축이 될 만한 것이 없다."(앞의 책) 일찍이 융성했던 불교도 오늘날에는 쇠퇴하고 있으며 신도 또한 사람들의 마음을 장악하지 못하고 있다. 결국 이토는 "우리나라에 있어 기축으로 해야 할 것은 오직 황실뿐이다"라고 결론 내리지만 그 황실은 어디까지나 이토가 디자인한 메이지 헌법 체제 속에 위치되어야 할 것이었다.

그런 의미에서 이토는 근대 일본에 하나의 정통적 정치체제를 확립하고 거기에 명확한 제도적 기반과 정신적 기축을 부여하고자 노력했다고 할 수 있겠다. 이토가 만든 메이지 헌법 체제에 대한 평가는 일단 제쳐 놓고, 메이지 헌법 체제를 전제로 그 점진적 발전을 목표로 했다는 점에서는 이토는 근대 일본의 '보수주의'를 담당했다고 할 수 있다.

메이지 헌법 체제의 '보수 본류'

이와 같은 시점에서 본다면 주목해야 할 인물은 이토뿐만이 아닐지도 모르겠다. 또 한 사람의 중요 인물을 제시하자면 무쓰 무네미쓰(陸奥宗光, 1844~1897)를 꼽을 수 있을 것이다. 기슈 번 출신이면서도 사카모토 료마(坂本龍馬)의 가이엔타이(海援隊)에 투신했던 무쓰는 메이지 유신 후에는 관료로 신정부에 출사했다. 그러나 번벌 정치에 불만을 가졌던 무쓰는 도사파와 연계해 결과적으로 정부 전복 음모 사건에 휩쓸려 투옥된다.

무쓰가 특별한 이유는 그 후의 행적 때문이다. 긴 투옥 기간을 통해 학문 습득에 힘썼던 무쓰는 오규 소라이(荻生徂徠)의 저작과 함께 벤담을 읽었다고 한다. 벤담을 통해 영국의 공리주의를 배운 무쓰는 사회 발전의 열쇠는 개인에게 있으며 정부는 이를 방해해서는 안 된다는 자유주의 사상을 자신의 것으로 만들었다. 무쓰는 출옥 후 한 발 더 나아가 구미 제국에서 정치학을 계속 배웠다. 이러한 8년에 걸친 면학이야말로 무쓰의 이후 활약의 기초가 되었다.(하기하라 노부토시, 『무쓰 무네미쓰』; 오카자키 히사히코, 『무쓰 무네미쓰와 그 시대』)

이와 같은 무쓰를 기용한 이가 바로 이토이다. 한때는 정부 전복을 계획했던 무쓰를 이토는 높이 평가해 출옥과 유학을 지원했다. 그 후 무쓰는 도사파의 자유당이 아니라 이토의 막료로서 활약하게 된다. 흥미로운 것은 이토든 무쓰든 최종적으로는 독일형 행정권주도형 헌법 체제를 선택하지만 사상적으로는 영국형 자유주의와 의회정치에 친근감을 가지고 있었다는 점이다.

확실히 메이지 헌법에는 정당정치에 관한 규정이 없다. 그러나 이토는 훗날 앞장서 입헌정우회 창설을 기획하고 사실상 정당정치에의 길을 열었다. 무쓰 또한 정우회 내의 이토계 관료와 자유당계 정치가들을 연결하는 역할을 담당하는 동시에 호시 도오루(星亨)와 하라 게이(原敬) 등, 훗날 정우회를 이끌어 나가는 정치가들을 정우회로 영입했다. 그런 의미에서 이토와 무쓰는 급진적인 혁명을 비판했지만 메이지 헌법 체제를 전제로 점진적 개혁을 도모했다 할 수 있다.

이 책의 시점에서 본다면 이와 같은 이토에서 무쓰, 그리고 하라로 이어지는 노선이야말로 근대 일본의 보수주의 본류이다. 이 노선은 메이지 헌법을 전제로 하면서 그에 내포된 자유의 논리를 점진적으로 발전시켜 사실상 그 후의 입헌 정치와 정당정치를 준비하게 됐다. 그들은 급진파와 명확히 선을 그으면서도 자각적으로 점진적 개혁을 지향했다. 실제로 만약 그들의 활약이 없었다면 이른 시기에 번벌과 정당세력의 정면충돌이 발생해 헌법 정지와 같은 사태가 일어났을지도 모른다. 따라서 이점에 있어서 이토와 무쓰에 의한 근대 일본의 보수주의는 정치적으로 중요한 의의를 가진다고 말할 수 있다.

'중신적 리버럴리즘'의 한계

그렇다면 이와 같은 근대 일본의 '보수 본류'는 어디로 흘러갔을까. 이 흐름은 하라 게이의 정우회 내각(1918~1921)에서 정점에 다다른 뒤 그 뒤에는 사이온지 긴모치(西園寺公望)와 마키노 노부아키(牧野伸顯)에 의해 유지돼 종국에는 이른바 '중신적(重臣的) 리버럴리즘(천황 측근 사이에서 형성된 리버럴한 사상 경향)'을 형성한다. 그들은 모두 영국류의 리버럴리즘과 의회정치를 높게 평가했으며 천황을 보필하는 원로 내대신으로서 정우회와 민정당에 의한 정당 내각제를 지지했다.

이 중에서 오쿠보 도시미치의 차남인 마키노는 아버지 오쿠보와 함께 이토를 높이 평가, 영국류 입헌 정치를 목표로 하는 동시에 외교적으로도 친영미주의를 지향했다. 이와 같은 마키노의 정치적 가치관은 어떤 의미에서 사위인 요시다 시게루를 통해 전후보수주의로 이어지게 된다. 그들은 민주화에 대해 진중한 태도를 취하면서도 높아지는 민중의 목소리에 대해서는 점진적 체제 개혁을 목표로 했다는 점에서 실로 보수주의의 정통이었다.

그렇다면 이러한 중신적 리버럴리즘을 어떻게 평가해야 할까. 이 점에서 주목해야 할 것은 역시 마루야마 마사오다. 사실 전전의 마루야마 자신은 중신적 리버럴리즘과 지근 거리에 있었다. 마루야마의 아버지인 저널리스트 마루야마 간지(丸山幹治)는 메이지부터 쇼와에 걸쳐 일본 논단을 주도한 하세가와 뇨제칸(長谷川如是閑)과 인연이 있는 리버럴리스트로 궁중의 마키노와도 친밀했다고 한다.

그런 의미에서 중신적 리버럴리즘에 친근감을 가진 마루야마였으나 전후에는 오히려 그들에 대한 격한 실망과 분노를 품게 되었으며, 그로부터 단절을 꾀하는 것을 리버럴리즘의 리트머스 시험지라고 생각하게 되었다. 중신적 리버럴리즘이 초국가주의를 앞에 두고 너무나도 무력했던 것을 마루야마는 문제시했던 것이다.

희박했던 보수주의

마루야마가 보기에 중신적 리버럴리즘의 약점은 입헌주의 발상의 무기력함과 제도적 사고의 희박함이었다. 따라서 최종적으로 중신적 리버럴리즘은 무한한 상황적응주의가 되었고 보수주의로서 충분히 기능하지 않았던 것이다. 마루야마는 보수측에 확고한 정통파가 형성되지 않았던 것이 전전 일본 정치체제의 약점이었다고 생각했다.

　구노 오사무(久野收), 쓰루미 슌스케(鶴見俊輔), 후지타 쇼조(藤田省三) 또한 「일본의 보수주의」라는 제목의 강연회에서 이와 같은 전전 리버럴리즘에 관해 '제2대 메이지 지도자'의 리버럴리즘, '학습한' 리버럴리즘이라 부르고 있다.(『전후 일본의 사상』) 그 특징은 우등생적인 체질에 있으며 심각한 분열과 대립을 경험하지 않은 만큼 자신의 적대자로부터 에너지를 얻는 그런 강인함이 결여돼 있다. 또 문화적 다양성에 대한 이해도 빈약했다고 한다. 이런 평가가 과연 옳은 것인지는 묻지 않더라도 중신적 리버럴리즘이 보수주의로서 강인함을 결여하고 있었다는 평가는 마루야마와 통하는 부분이 있다.

　이와 같이 전전 일본에 강고한 보수주의가 형성되었는가 하는 점에서는 의문이 남는다. 마냥 국가와 국민을 강조하는 내셔널리즘과 과거에 집착해 개혁을 부정하는 전통주의와 구별되는 보수주의는 결국 희박했다고 할 수밖에 없다.

　그러나 메이지 헌법 체제를 유지하면서 그에 내포된 자유 논리를 점진적으로 발전시키고자 했던 의미에서는 보수주의 전통이 전혀 없었다고 할 수는 없다. 가까운 곳에 중신적 리버럴리즘의 담당자가 있었던 마루야마와 쓰루미는 이를 신랄히 비판하면서도 이와 같은 보수주의 전통을 강렬히 의식하고 있었다.

3

현대 일본의 보수주의

요시다 시게루와 전후 일본의 보수주의

그렇다면 제2차 세계대전 후는 어떠했을까. 총리로서 전후 부흥을 주도했던 요시다 시게루(吉田茂, 1878~1967)에게서 전후 일본의 보수주의 출발점을 찾는 것에는 어느 정도 동의가 이루어져 있다고 볼 수 있다.(고사카 마사타카, 『수상 요시다 시게루』)

귀족적 취미를 농후하게 가졌던 요시다는 민주적인 정치 지도자는 아니었다. 또한 외교관으로서의 커리어가 길었기에 국내 정치, 특히 정당에 대한 관심도 원래 희박했다. 그런 요시다가 민주화된 전후 헌법 아래에서 일본 총리가 되고, 그 후 자유민주당에 의한 보수정치의 원류가 된 것은 어떤 의미에서 역사의 아이러니였다.

그러나 이와 같이 역사의 여신 클리오의 장난이 가능했던 것도 요시다가 이제껏 논해 온 미약하지만 존재하기는 했던 전전 보수주의의 계승자였기 때문이다. 도사 출신의 자유당 영수 다케우치 쓰나(竹內綱)가 그의 생부였으며 무역으로 재산을 축적한 거상 요시다 겐조(吉田健三)가 그의 양부였다. 또한 외교관 출신이자 천황의 중신인 마키노 노부아키는 그의 장인이었다. 이런 배경을 가진 요시다는 실로 메이지 이래 일본의 보수주의 정통을 계승하는 존재였다.

요시다가 전후 일본의 보수주의에 남긴 유산은 크게 둘로 나뉜다. 하나는 경무장, 경제국가라는 이른바 '요시다 독트린'이다. "전쟁에서 패배하고 외교에서 승리한 역사는 존재한다."고 믿었던 요시다는 일본 내 의견의 분열 속에서 미일 안전보장조약과 세트로 공산주의 국가를 배제한 편면강화를 선택했다. 이 선택은 요시다의 현실주의적 판단에 의한 것으로 안전보장에서는 미국에 크게 의존하면서 국가 최우선 과제를 경제 발전에서 찾아낸 것은 이후 일본의 경제 성장에 크게 기여하게 된다. 또한 경제적 합리주의에 의해 지탱된 독자적 정치 리버럴리즘은 전쟁 반성에서 시작된 평화주의에의 강한 지향을 가진 국민감정에도 부합해 전후 일본의 군사적 확대에 대한 제동장치로 기능했다.

또 다른 유산은 흔히 '요시다 스쿨'로 불리는 인재라고 할 수 있다. 외교관 출신으로 수족이 되어줄 정치가가 부족했던 요시다는 필요에 의해 이케다 하야토(池田勇人), 사토 에이사쿠(佐藤榮作) 등을 필두로 다수의 관료를 정계로 이끌었다. 그들은 정책적 지식을 배경으로 유력정치가로 성장해 요시다 정치를 계승하고 '보수 본류'라고 불리는 그룹을 형성하게 된다. 특히 대장성(현 재무성) 등 경제 관청이 많은 인재를 배출한 것이 전후 보수 정치의 커다란 특징이 되었다. 이들 관료 출신 정치가는 전전 이래 당인 정치가와 대항하면서 결과적으로는 그들과 함께 전후 보수정치를 이어나갔다.

그러나 요시다의 유산에 부정적 측면이 없었던 것은 아니다. 앞서 지적한 바와 같이 요시다의 판단은 두드러지게 현실주의적인 것이었다. 그가 선택한 경무장, 경제국가에 관해서도 그것이 어디까지 그의 신념 깊이 뿌리 내리고 있었는지는 불분명하다. 현실에 쫓기며 상황에 대응해 선택했다는 측면을 부정할 수 없다. 점령 하에 있는 패전국 지도자로서 어쩔 수 없는 사태였다 하더라도, 결과적으로 전후 일본의 보수주의가 반드시 현행 헌법 질서에 가치적 헌신을 하는 것만은 아니라는 아이러니한 상황을 초래했다는 것 또한 부정할 수 없다.

이러한 요시다의 유산을 비롯해 전후 일본의 보수주의는 본질적으로 "무엇을 보수해야 하는가"에 모호함을 남겨두게 되었다. 1955년(쇼와 30년), 좌우로 분열돼 있던 사회당의 통일에 위기감을 느낀 보수세력의 대동단결로 탄생한 자민당 내에는 자유주의적 비둘기파(온건파)에서 보다 국가주의적 매파(강경파)까지 꽤 폭넓은 정치적 입장이 공존하게 되었다. '반공'과 '경제성장' 이외에 특별한 공통의 가치관을 가지지 않는 거대 보수정당이 긴 시간 통치 역할을 담당한 것은 일본 보수주의에 있어서 과연 행운이었을까, 의문이 남는다.

두 정치적 지향

이와 같은 자유당과 일본민주당의 보수합동에서는 요시다파와 반요시다파, 관료파와 당인파, 전전파와 전후파가 합동해 하나의 정당을 형성하게 되었다. 일반적으로 하나의 정치적 원리를 공유한 정당이라고 말하기 어려웠으며 크게 보아도 꽤 이질적인 두 개의 방향성이 공존하게 되었다고 이해해도 무방할 것이다.

하나는 이미 지적한 경무장, 경제국가를 지향하는 요시다 노선이다. 요시다는 전전 경험에서 군부의 횡행에 대해서는 반발심을 가지고 있었지만 결코 이념적 평화주의자는 아니었으며 군대 그 자체를 부정하지도 않았다. 그러나 이미 논한 것처럼 요시다는 현실적 판단에 기초해 군사력 확대가 아닌 경제적 발전을 전후 일본의 과제로 삼았다. 국가의 역할을 한정적으로 보고 자유로운 경제활동을 중요시했다는 의미에서 보다 자유주의적 노선이었다. 또한 어디까지 가치적 헌신이 있었는지는 차치하고 스스로가 만들어낸 전후 체제라는 존재 방식을 기본적 전제로 했다는 점에서 보다 점진주의적 개혁주의 입장을 취했다고 할 수 있을 것이다.

이에 비해 하토야마 이치로(鳩山一郎, 1883~1959), 기시 노부스케(岸信介, 1896~1987) 등의 일본민주당은 요시다의 자유당과는 꽤 이질적인 요소를 가지고 있었다. 특히 기시 노부스케에 주목해야 할 필요가 있다. 전전 상공성 혁신관료로 활약하고 만주경영에서 민완을 발휘했던 기시는 국가주도 통제경제와 계획경제를 도입하고자 했다는 점에서 보다 고전적인 자유주의 입장을 취한 요시다와는 분명히 다른 정치 경제 질서 이미지를 가지고 있었다. 또한 1960년 안보개정에서는 미국과 일본의 대등한 관계를 목표로 한 점에서 알 수 있듯 기시는 보다 명확한 내셔널리즘에의 지향을 가지고 있었다. 이런 기시에게 일본국 헌법과 그에 기초한 전후 체제는 '강요된' 것이었으며 이에 따라 기시는 전후적 가치에 대해 보다 급진적 도전자의 입장을 취했다고 할 수 있다.

보수합동은 이와 같은 이질적 양자 사이의 긴장을 봉인하는 것이었다. 보다 자유주의적이며 점진개혁적인 요시다의 입장이 이케다 하야토의 고치카이(宏池會)에 의해 계승되었다고 한다면 보다 국가주의적이며 급진주의적인 기시 노선은 후쿠다 다케오의 세이와카이(淸和會) 등에 의해 계승되었다. 즉 다나카 가쿠에이(田中角榮)부터 다케시타 노보루(竹下登)의 게이세이카이(經世會)로 연결되는 노선은 이 양자 사이에 위치함으로써 어느 시점이후의 자민당 정치의 주도권을 확립했다고 할 수 있을지도 모르겠다.

어찌되었든 자민당 내의 본질적 가치관 대립은 파벌대립으로 '왜소화'돼 잠재적 마그마로 내부에 봉인되었다. 그리고 그 '봉인'이야말로 모든 것을 애매모호하게 포괄하는 정당으로 자민당이 기나긴 일단 우위를 확립할 수 있었던 한 원인이 되었다.

오히라 마사요시의 새로운 보수 모색

이와 같이 전후 일본 정치에서는 명확한 공통의 보수 사상이 희박한 상태로 정치세력으로서의 보수가 전성기를 맞이했다. 그러나 일당 우위 체제를 확립한 자민당에 보수주의 정체성을 둘러싼 문제의식이 존재하지 않은 것은 아니다. 특히 고도 경제 성장 아래 농촌에서 도시로의 인구 이동이 계속되면서 농촌을 기반으로 한 자민당은 득표율 저하로 고심하게 된다.

이러한 일본 사회의 구조적 변용에 대해 보수당으로서의 자민당의 위기를 경고한 것이 이시다 히로히데(石田博英, 1914~1993)의 논문 「보수정당의 비전」(1963)이었다. 이대로 가면

도시화가 진행 중인 일본에서 보수정당 쇠퇴는 필연적이며 결국 혁신정당에 의해 교체될 것이다. 이에 대항하기 위해서는 다시 보수정당으로서의 비전을 제시해야 한다. 이와 같은 이시다의 문제 제기를 시작으로 1960년대부터 70년대에 걸쳐 보수주의를 새롭게 재정의하고자 하는 시도가 이어졌다.

이러한 모색을 대표한 이가 오히라 마사요시(大平正芳, 1910~1980)였다. 1960년대 후반부터 이미 선진국을 모방한 근대화 모델이 한계에 다다랐다 주장했던 오히라는 경제 성장을 중심으로 하는 근대화의 '다음 단계'를 구상한다. 이와 같은 오히라의 문제의식은 그가 요시다로부터 '보수 본류'를 계승한 이케다 하야토의 고치카이를 물려받은 인물이었다는 것만큼 상징적이었다. 이케다는 '관용과 인내'를 내걸고 이데올로기적 대립을 억제, 소득 증가 계획으로 대표되는 경제 성장을 국가 목표로 내세웠으나 오히라는 더 나아가 경제성장 이후의 새로운 국가 목표를 모색했다.

오히라의 이와 같은 구상을 가장 잘 표현하고 있는 것이 '오히라 총리의 정책연구회'였다. 오히라는 총리 취임에 앞서 자신의 정권구상을 구체화해야 했다. 고야마 겐이치(香山健一)를 시작으로 젊은 지식인들과의 심도 있는 교류를 이어 갔으며 총리 취임을 시점으로 200명이 넘는 지식인, 문화인, 관료를 모아 '문화의 시대', '전원도시 구상', '환태평양연대' 등 9개 연구회를 발족시켰다. 이 연구회는 오히라의 급작스런 죽음으로 인해 정치적 결실을 맺지는 못했으나 그 일부는 나카소네 야스히로(中曽根康弘) 총리에 의해 계승된다.

나카소네는 기존의 보수 지지층에 더해 새로운 도시 유권자의 지지 획득에 힘썼다. 특히 같은 날 이루어진 1986년 중의원 참의원 선거에서 승리해 보수의 '날개를 좌로 뻗기'에 성공했다. 오히라와 나카소네의 사상이 결코 같지는 않았지만 일본의 보수가 새로운 전개를 제시할 수 있었던 한 요인이 오히라 이래 보수의 모색에 있었음은 분명하다.

특히 오히라와 그를 지지했던 고야마의 경우, 정치학자 나카키타 고지(中北浩爾)가 지적하는 것처럼 그 배경에 있었던 '일본형 다원주의' 사상이 중요하다.(『자민당 정치의 변용』) 이는 직장, 가족, 지역이라는 집단의 역할을 중시하는 것으로 국가주의를 억제하고 분권적 사회를 모델로 하는 것이었다. 가가와의 농가에서 태어나 고학 끝에 대학에 진학한 오히라는 전후 사회의 기본적 가치를 긍정하면서 그 기반이 되는 공동체의 역할에 착목했다. 전후 일본의 보수주의가 단순히 정치제도의 연속성뿐만 아니라 그 배경에 있는 일본적 조직의 존재방식과 중간집단까지 그 범위에 포함시켰다는 점에서 그 의의는 결코 작지 않았다.

정체성의 위기

그러나 이와 같은 오히라에 의한 보수주의 시야 확대가 이후의 보수에 의해 더욱 심화되었다고 이야기하기는 힘들다. 오히려 단기에 오일 쇼크에서 벗어난 일본 사회가 버블 경제를 향해 가면서 전후 일본의 보수주의를 지탱했던 중간집단과 지역 공동체의 행방에 대한 관심은 오히려 후퇴했다는 인상이 강하다. 결과적으로 보수주의가 보수주의다울 수 있는 까닭, 보수주의가 실로 보수해야 할 가치 모색은 전면에서 밀려나게 되었다. 따라서 보수주의의 정체성 위기가 조용히 진행됐다. 이를 대체하듯 신자유주의적 가치관이 세력 확장에 나서게 되었으나 보수주의와 신자유주의의 긴장관계가 특별히 논의되지는 않았다.

1989년 베를린 장벽이 무너지고 동서 냉전체제가 종언을 맞이했다. 이는 명확한 보수의 컨센서스 없이 '반공'과 '경제 성장'을 유일한 틀로 공존을 모색해 왔던 전후 일본 보수주의에 있어 그 전제조건이 사라졌다는 것을 의미했다. 자민당, 사회당, 신당 사키가케의 연립에 의한 무라야마 도미이치(村山富市) 정권을 마지막으로 사회당(현 사민당)은 그 당세가 쇠퇴하게 됐는데 이는 보수 세력의 수적 확대를 가져온 반면, 질적으로는 정체성 위기를 심화시킨 것이라 할 수 있다.

이는 결코 시대 상황의 변화에만 기인하는 것이 아니다. 원래 전전의 일본 보수주의는 미약하기는 했지만 어디까지나 메이지 헌법 체제를 전제로 그에 내포된 자유 논리를 점진적으로 발전시켰다. 그에 비해 전후의 보수주의는 명확한 공통 과제가 결여된 채 냉전 체제라는 여건 속에서 경제 발전만을 국가 목표로 내걸어 왔다. 말하자면 전후 보수주의는 **상황에의 적응**이라는 측면이 강해 보수해야 할 대상의 이념은 애매모호한 상태였다. 따라서 라이벌이었던 사회주의가 후퇴하며 보수주의가 우위를 차지하지만 그 내용은 없는 오늘날의 상태를 초래한 것이다. 그렇다면 원심화(遠心化)가 더욱 진행되는 오늘날 '보수주의 우위'는 보수주의의 승리라고 하기보다 위기를 의미한다.

일본 보수주의의 미래

현재 세상에 '보수주의'는 넘쳐난다. 그러나 반드시 참조되고 있다고 해도 무방한 버크의 보수주의 정의에 입각한다면, 근대 그리고 현대에 이르기까지 일본에 과연 보수주의가 존재했는가 하는 의문이 남는다.

만약 진정으로 버크의 정의를 따른다면 다양한 제도, 관습, 법에 의해 형성된 헌법 질서는 하룻밤에 성립하는 것이 아니다. 따라서 이데올로기적으로 그 전면적 전환을 시도하는 데는 어디까지나 진중해야 한다. 만약 이를 변경하고자 해도 현행질서에 내재하는 자유의 논리를 발전시켜 점진적 개혁을 도모하는 것이 우선적 과제가 되어야 한다.

물론, 시대에 따른 부분적 수정은 부정할 수 없으나 그 근본적 정신을 변경하는 등의 시도는 어디까지나 보수주의 정신과는 정반대의 것으로 멀리해야 한다. 이러한 버크의 가르침에 딱 들어맞는 성숙한 보수주의가 과연 일본에 존재한 적이 있었을까.

만약, 일본의 보수주의가 정말 스스로의 기초를 재확인하고자 한다면 역사에 대한 진지한 반성과 그에 바탕을 둔 경의가 반드시 필요하다. 그렇다면 과연 어떤 '역사'를 존중해야 할 것인가.

전후 일본에 보수주의가 뿌리 내리기 곤란한 이유로 패전과 점령이라는 경험을 꼽는 데는 이견이 없을 것이다. 결과적으로 전후 일본의 보수주의는 자기 정치 체제를 가치적인 헌신 없이 **일단** 보수한다는 '상황주의적 보수'와, '강요된 헌법'으로 현행 질서의 정통성을 부인하는 '보수하지 않는 보수'라는 불모의 양극으로 나뉘게 되었다. 이에 결여된 것이 바로 현행 정치질서의 정통성을 깊이 신뢰하기 때문에 그 점진적 개혁을 도모한다는 **본래의** 보수주의라는 점은 이제껏 반복적으로 지적해 온 대로다.

그러나 메이지 이후 일본의 보수주의 전통을 뒤돌아보면, 메이지 헌법 체제에 내재한 자유 논리를 발전시킴으로써 민주화

요구에 점진적으로 응해 온 것이 일본의 보수주의의 진정한 '본류'라고도 할 수 있다. 그렇다면 전후 헌법의 정착 속에서 이와 같은 점진적 발전의 연장을 파악하는 것이야말로 '본류'를 계승하는 것은 아닐까. 이런 역사적 관점을 가질 때 일본의 보수주의는 새로운 가능성을 발견할 수 있으리라 생각한다.

이 경우 가장 중요한 것이 바로 '전후 경험'의 사상적 반성일 것이다. 일본은 패전과 점령을 경험하면서 전후 사회의 안정과 발전을 실현하는 데 성공했다. 게다가 전후 일본은 한 번도 자기 군대를 이끌고 국가 간 전쟁에 참가한 적이 없었다. 그것이 많은 부분 행운에 의지한 것이라 해도 전후 일본이 **이와 같은 행운을 활용할 수 있을 정도의** 현명함을 가졌다는 점을 부정할 수는 없다. 이러한 '전후 경험'에서 무엇을 배우고 무엇을 계승할 것인가. 일본 보수주의의 미래가 바로 이에 달려 있다고 할 수 있다.

일본 보수주의의 이와 같은 과제는 마루야마 마사오와 후쿠다 쓰네아리에 의해 일찍이 지적되어 왔다. 그리고 그 과제는 '전후 레짐의 극복'(아베 신조 총리)이 논의되는 오늘 더욱더 중요한 것이 되었다. 역사 속에서 연속성을 발견하고 보수해야 할 가치를 찾아내는 보수주의의 영지가 지금에야말로 필요하다.

21세기의
보수주의

정치는 감정인가

마지막으로 21세기 오늘, 보수주의의 현상과 미래를 생각해 보고자 한다.

이 책의 서두에서 논한 바와 같이 진보주의와 보수주의가 경쟁했던 시대를 근대라고 한다면 지금은 양자의 대항 관계가 급속히 눈에 띄기 어려워졌다. 그 주된 원인은 진보주의 쪽에 있다. 인류는 과연 '진보'하고 있는가. 모든 사회가 공통되게 목표해야 할 미래상이 존재하는가. '혁명'이나 '혁신'이라는 말이 예전과 같은 빛을 잃은 지금, 진보주의의 전망은 그다지 밝지 않다.

반대로 너무 나아간 진보주의에 제동을 걸어온 보수주의 또한 라이벌을 잃고 길을 헤매고 있다. 자신들은 도대체 무엇을 보수하고자 하는가. 어떤 전통을 존중할 필요가 있을까. 공통의 인식을 결여한 채로 스스로 '보수'라 칭하는 사람이 느끼는 것처럼 보이기도 한다.

사회심리학자 조너선 하이트는 미국 사회의 좌파와 우파의 분단을 이데올로기와 이해관계의 대립이 아닌 감정적 대립으로 분석하고자 한다.(『바른 마음: 나의 옳음과 그들의 옳음은 왜 다른가(*The Righteous Mind: Why Good People Are Divided by Politics and Religion*)』) 하이트에 따르면 사람들은 자신의 도덕이나 정치적 입장을 이성에 기초한 숙려를 통해 결정하지 않는다. 중요한 것은 감정에 의한 직관이다. 조리 있는 설명이나 합리적 설명은 후에 이루어지지만 사람들은 처음부터 그런 이유로 결정한다고 착각한다.

하이트는 현대 미국에서 보수주의가 우위를 차지하는 것은 사회심리학적으로 설명 가능하다고 말한다. 즉 공화당의 슬로건과 정치선언, 연설이 단도직입적이며 직관에 호소하는 데 비해 민주당 후보자는 오히려 이성적이며 냉정한 인상을 준다.

하이트는 도덕기반을 '보살핌', '공정', '자유', '충성', '권위', '신성' 이 여섯으로 분류한다. 이는 모두 인류가 그 생존을 도모하기 위해서 발달시켜 온 것으로 '스스로를 지키는 방법이 없는 어린이를 보살펴야 한다', '타인에게 이용당하지 않으면서도 협력관계를 맺어야 한다', '기회가 있으면 타인을 지배하고 협박하고 강제하고자 하는 개체와 함께 소집단을 형성해 살아가야 한다', '연합체를 형성하고 유지해야 한다', '계층적 사회 속에서 유리한 협력 관계를 형성해야 한다', '집단의 결속을 강화하는 데 필요한 비합리적이고 신성한 가치를 가져야 한다'는 과제에 상응하는 것들이다.

하이트의 실험에 따르면 이들 여섯 도덕 기반 중 리버럴이 '보살핌', '공정' 그리고 '자유'만을 중시하고 '충성', '권위', '신성'을 무시하기 쉬운 데 반해 보수측은 여섯 가지를 거의 동등하게 취급한다고 한다. 리버럴 중에서는 가장 균형이 잡힌 도덕 감각을 겸비한 것처럼 보였던 버락 오바마조차도 결국 '보살핌'과 '공정'만을 이야기하게 되었다는 것이 하이트의 지적이다.

'진실스러움'의 횡행

그러나 거듭 지적해 온 바와 같이 문제는 무엇에 충성을 맹세하고, 권위를 발견하며 신성함을 느끼는가이다. 현대에는 이것이 점차 자명성을 잃고 반대로 사람들을 한쪽 방향으로 유도하고자 하는 안이한 슬로건과 정치 선전이 횡행하고 있다.

예를 들어 철학자 조지프 히스는 오바마 대통령은 미국 태생이 아니라 대통령 자격이 없다는 주장이나 세계무역센터 붕괴가 내부 범행에 의한 것이라는 음모론 등 최근의 미국 정치에 이와 같은 종류의 언설이 넘치고 있다는 점을 경고하고 있다.(『계몽사상 2.0(*Enlightenment 2.0*)』 텔레비전의 시사평론가들도

'사회주의자의 음모'라는 말을 아무렇지도 않게 내뱉으며 많은 사람들이 이를 진짜로 믿고 있다.

하이트와 마찬가지로 히스 또한 보수주의 우위를 주장한다. 리버럴이 정치를 정책과 계획의 문제로 이해하는 데 비해 보수는 정치를 '감'과 '가치관'의 문제로 취급한다. 선거전은 사람들의 머리가 아니라 가슴에 호소하는 것으로 승패가 결정 난다는 점을 잘 알고 있는 것은 보수 쪽이다.

그러나 현재 우리가 살고 있는 세계는 '가슴'만으로는 유지할 수 없다. 히스는 '머리'가 필요하다고 강조한다. 실제로 근대 사회의 주요 제도인 시장, 대의제 민주주의, 인권은 모두 인간의 소박한 직관과는 반대되는 것들이다. 그럼에도 불구하고 장기간에 걸친 논의와 실험 끝에 인류는 이들 제도를 채용하기에 이르렀다. 그런 의미에서 현대 사회는 어디까지나 계몽사상의 산물이다.

다만 현대 뇌과학의 성과가 보여주듯 인간의 뇌는 결코 합리적으로 설계된 것이 아니다. 뇌는 비합리적인 직관으로 가득하며 오랜 시간에 걸쳐 상황에 적응해 변화해 왔다. 인간의 뇌는 기본적으로 보수적이며 점진적으로밖에 변화할 수 없다. 따라서 일단 편견과 미신을 타파하면 이성이 자연스레 우위를 차지할 것이라 생각한 최초의 계몽사상—계몽사상 1.0—은 너무나도 오만했다.

그렇다 하더라도 합리적 사고가 필요한 경우도 확실히 있다고 히스는 강조한다. 예를 들어 장기적인 목표를 세우고 추구하는 능력이다. 이를 위해서는 인간 심리에서 자연히 발생하는 행동 충동을 끊임없이 억제해야 한다. 개인의 이해를 억제해서라도 사람들 사이에서 협력하는 법을 가르치는 것도 이성이다. 특히 작은 집단이 아니라 대규모의 사회에서 협력을 확보하기 위해서는 소규모의 부족 집단 속에서 발전한 사회본능을 넘어선 능력이 필요하다.

문화의 진화 메커니즘은 아주 강력한 경우도 많지만, 막다른 벽에 부딪힐 때도 있다. 점진적 개혁이 효과 없이 완전한 전체 수리가 필요한 사례도 있다. 사회 개혁에 만능인 답은 없다. 점진적 사회개혁이 유효한 경우가 있는가 하면, 합리주의와 급진적 개혁이 유효한 경우도 있다고 히스는 주장한다.

보수주의의 위기인가

이러한 하이트나 히스의 주장은 보수주의의 현재와 미래를 균형 있게 이해하는 데 유익하다. 장래의 불확실성이 높아지는 오늘날, 자신이 귀속하고 충성을 바칠 대상을 추구하는 이들이 적지 않다. 하이트가 말하는 '충성'과 '권위', '신성'이라는 도덕 기반의 행방에 관해 이후에도 주목할 필요가 있다. 이들 요인은 틀림없이 보수주의에 순풍이 될 것이다.

그러나 이것이 반드시 보수주의의 안태를 의미하는 것만은 아니다. 오히려 사람들의 보수주의에 대한 바람은 보수주의의 위기를 가져올 수밖에 없는 위험성을 내포하고 있다. 현대에는 사람들에게 안정된 정체성을 부여하는 집단이 점점 줄어들고 있기 때문이다.

반대로 자기 자신에 대한 불안감에 휩싸인 개인을 유인해 이용하고자 하는 계획은 계속해서 증가하고 있다. 보수주의 또한 이를 역사적으로 지탱해 온 여러 전통, 제도와 분리당해 정치적 선전과 프로파간다의 좋은 먹잇감이 되고 있다.

이런 상황에서 에드먼드 버크가 중시한 자유의 제도가 흔들리고 있다. 예를 들어 정당은 '국가 이익 촉진을 위해 원리를 공유하는 집단'이라기보다 대화를 거절하고 사회 분열을 조장하는 요인이 되고 있다. 나라의 기본적 틀을 유지하는 근간인 입헌주의 원리도 오히려 보수주의의 이름을 내건 세력에 의해 파괴되고 있다. 나아가 복잡해진 현대 사회에서는 인권, 법의 지배, 시장 경제 시스템이 필수이나 이를 유지하려는 노력은 실종되기 십상이다.

이 책에서 검토한 보수주의자 대부분은 점진적 개혁을 위해서는 기반(infrastructure)이 필수적이라고 주장해왔다. 중앙권력에 의한 계획이 아니라 다양한 개인과 집단에 의한 자발적 기획에 의해 사회가 변화하기 위해서는 권력에 제동을 걸 필요가 있다. 서로의 충돌을 피해 공존을 가능하게 하는 제도와 행위 규범도 시간을 들여 발전시켜야 한다. 그럼에도 불구하고 그런 점진적 개혁을 위한 인프라가 유지, 발전되고 있는지에는 의문을 품게 된다.

리버럴과 보수의 접근

진보주의 시대가 끝나고 보수주의도 갈 길을 헤매는 지금 더 이상 진보주의와 보수주의, 또는 리버럴과 보수주의라는 구별은 의미를 가지지 않게 되었을까. '예'와 '아니오' 모두 그 답이라 할 수 있을 것이다.

분명 진보주의와 보수주의의 구별은 불분명해지고 있다. 오늘날 모든 전통을 부정하고 사회를 이성에 기초한 청사진을 바탕으로 0에서부터 새로 만들기를 바라는 사람은 소수일 것이다. 사회의 변혁이 가능하다고 해도 과거로부터의 전통과 지혜는 계승하며 발전시키는 것이 조건이라고 생각하는 사람이 다수임에 분명하다.

사람들이 '진보'라는 이름의 강한 순풍을 받아 앞으로 나아갔던 시대는 확실히 그 끝을 고했다. 이후에는 앞으로 나아가기 위해서 자기 자신과 자신들의 사회를 뒤돌아봄으로써 전진

을 위한 에너지와 지혜를 얻어야 할 필요가 있을 것이다. 우리
는 과거에서 얻은 추진력으로 아직 보이지 않는 미래를 향해 나
아갈 수밖에 없다.

일찍이 19세기 프랑스의 정치사상가 알렉시 드 토크빌은 "과
거가 그 빛을 미래에 비추길 멈췄기에 사람들의 정신은 어둠 속
을 헤매고 있다"고 논했다. 또한 20세기 독일의 평론가 발터 벤
야민은 미래에 등을 지고 있지만 과거로부터의 폭풍에 의해 나
아갈 수밖에 없는 역사의 천사 이미지를 이야기했다.

토크빌과 벤야민의 표현은 여전히 신선하다. 그러나 우리는
동시에 우리의 과거를 어떤 종류의 '아련한 그리움'과 함께 재
발견하고 있는지도 모르겠다. 찾고 있었던 것은 예전부터 늘 여
기에 있었던 것은 아닐까. 과거는 부정해야 할 것이 아니라 거
기에서 무엇인가를 계속해 길어 올릴 수 있는 풍부한 원천이 아
닐까. 다시 발견한 '과거'는 우리에게 힘을 줄 것이다.

이 책 또한 메이지 이후의 일본 정치 속에서 계승해야 할 보
수주의의 수맥이 존재했음을 보여주고자 했다. 그 시도가 성공
했는지는 모르겠으나 지금부터라도 일본의 역사와 사상 속에서
무엇인가를 재발견하려는 노력을 이어나가야 할 것이다. 과거
를 직시하고 거기서 어떤 연속성을 발견하려는 노력을 하지 않
는다면 논의는 방향을 잃고 헤매기만 할 것이다.

과감한 실험을 하고 이를 현실에 정착시키기 위해서라도 과

거와의 대화가 필요하다. 중요한 것은 과거를 부정하는 것이 아니라 과거로부터의 전통 중에 어떤 전통을 스스로 계승할 것인가를 자각적으로 선택하는 것이다. 앞으로 과거의 여러 전통 가운데 무엇을 보다 중시하고 계승해야 할지를 둘러싸고 활발하고 다양한 논쟁이 확대될 것이다.

새로운 대립축

또 한편 리버럴과 보수라는 대립축이 완전히 무효해졌다고 생각하긴 어렵다. 특히 하이트가 지적하는 것처럼 인간의 도덕적 기반에 '보살핌', '공정', '자유', '충성', '권위', '신성'이 있다면 리버럴이 뒤의 셋보다 앞의 셋을 우선하는 것에 비해 보수는 뒤의 셋을 앞의 셋과 동일하게 중시한다는 차이에 주목해야 한다.

또한 같은 '보살핌'이나 '공정'의 경우라도 리버럴이 집단이나 국경을 넘어선 보다 열린 평등과 공정을 추구하는 데 반해 보수는 자기 소속 집단 내의 평등과 공정을 소중히 여긴다. 이와 같은 가치 지향의 차이는 지구화가 진행되는 오늘날에야말로 중요한 정치적 의미를 가진다.

먼 곳에 있는 알지도 못하는 사람보다는 우선 주위 동료와의 관계를 중시해야 한다. 이러한 주장은 분명 어느 정도 설득력을

가진다. 사회보장제도 또한 서로를 지탱하려는 연대 의식 없이
는 유지하기 어렵다. 자유와 평등이라는 리버럴한 가치를 유지
하기 위해서도 정치적 공동체에 대한 어느 정도의 충성심이 필
요하다. 이와 같이 주장하는 리버럴 내셔널리즘을 시작으로 이
민과 외국인이 아니라 어찌 되었든 '우리 국민'의 이익을 우선
하겠다고 주장하는 자국민 제일주의에 이르기까지, 소속 집단
내의 동료와의 관계를 중시하는 논의가 다수 존재한다.

반대로 어디까지나 보편주의의 입장을 중시하는 입장도 있을
수 있다. '동료'를 강조하는 순간, 배제되는 '그들'이 생겨난다.
그 결과 사회의 분단과 긴장은 심화돼 갈 것이다. 정치의 제1원
리는 어디까지나 모든 인간의 기본적 권리에 응하는 것이어야
만 한다. 같은 장소에서 살아가는 다양한 사람들이 각자의 차이
를 인정하고 존중하지 않고서는 글로벌한 사회에 미래는 없다.
다문화주의에서 시작해 사회보장의 보편주의(사회보장의 급부에
있어 개별적 재량이 아닌 모든 개인의 기본적 필요를 중시하는 입장)에 이
르기까지 동료를 넘어선 연대를 호소하는 입장이 있다.

감히 말하자면 동료와의 관계를 우선하는 전자의 입장이 보
수, 보편적 연대를 주장하는 후자의 입장이 리버럴과 친화성을
가지고 있다고 할 수 있다. 이는 정치에 있어 공동체 내부의 '공
통감각(common sense)'을 중요시하는가, 아니면 자유롭고 평등한
개인 사이의 상호성을 중시하는가 하는 차이와도 연동해 이후

사회를 논해 가는 데 유력한 대립축이 될 것이다. 그런 의미에서 리버럴과 보수의 차이는 결코 사라지지 않을 것이다.

어느 쪽이든 중요한 것은 다양한 지향점의 공존을 가능하게 하는 것이다. 즉 가장 심각한 위기는 리버럴과 보수 모두가 원리주의적이 되어 서로를 완전히 부정하는 것이다. 보편주의의 이름 아래 모든 집단과 조직에의 애착과 충성을 부정하는 것이 폭력이라고 한다면 동료 사이의 단결을 위해 외부의 인간을 적시하고 차별하는 것도 야만에 지나지 않는다.

리버럴과 보수가 생산적으로 대항관계를 유지하는 것은 앞으로도 계속해 중요한 과제가 될 것이다.

보수주의의 가능성

현대의 시대감각을 한마디로 표현하자면 "미래가 보이지 않는다."가 아닐까. 일찍이 낙관적으로 "오늘보다도 나은 내일, 내일보다도 나은 모레"를 믿었던 시대와는 달리 오늘날에는 미래의 불투명성이 높아지고 있을 뿐이다.

이런 시대이기에 우리는 의지할 수 있는 대상을 추구한다. 그것은 일종의 대의일지도 모르고, 종교일지도 모르겠다. 또는 국가와 민족일 수도 있다. 그러나 지금이야말로 추상적 원리가 아닌 우리가 역사 속에서 쌓아 올려온 사회 시스템과 이를 지탱하는 가치관을 소중히 하는 보수주의 정신에서 교훈을 얻어야 할 때가 아닐까.

그 경우 자기 자신의 지(知)는 항상 유한하며 모든 것을 간파할 수 없다는 보수주의의 겸허함이 중요할 것이다. 자신들이 틀렸을지도 모른다. 그렇게 때문에 과거로부터 계승해 온 것을 소중히 하며 이를 필요에 따라 수정해 나가는 것이 중요하다. 자기 억제와 동시에 변혁에의 의욕을 갖춘 보수주의의 다이내미즘은 나침반 없는 시대에 사회를 고찰하는 데 있어 계속해서 하나의 영지가 되어 줄 것이다.

나아가 현대의 보수주의가 가능성을 가진다면 그것은 개인의 주체적 에너지와 연결될 때가 아닐까.

이 책의 서두에서 보수주의를 재정의할 경우 한 사람 한 사람의 인간이 '무엇을 지킬까'에 대해 한 번 더 생각해 보는 것이 중요하다고 서술했다. 자신이 지키지 않으면 잃게 되는 무언가. 그것을 "자신의 가족과 동료, 지역 공동체, 그 역사와 문화, 기능과 전승, 나아가 자연환경과 경관" 등 주위에 있는 구체적인 무엇인가를 지킬 때 그것은 그 인간에게 있어 사명감이 되고 존재의 증명으로 이어진다.

실제 일본 각지에서 화제가 되고 있는 지역 부흥 현장에 가 보면 종종 그 지역 출신이 아닌 사람의 활약을 목격하게 된다. 원래는 지역과 관계가 없었음에도 불구하고 우연한 인연으로 정착해 활약하게 된 경우가 많다고 한다. 혹은 그런 사람들이기 때문에 지역의 매력을 재발견하고 지키려 하는 것일지도 모르겠다. 이런 사례는 보수주의의 미래에 새로운 빛을 비춰줄 것이다.

현대 사회에서 보수주의에 가능성이 있다고 한다면 이와 같은 개방성과 유동성을 동반한 보수주의일 것이다. 이러한 보수주의이기에 처음으로 개인의 주체적 에너지를 흡수하고 미래를 열어갈 힘을 가진다.

다양성에 문을 연, 자유롭고 창조적인 보수주의. 사람과 사람을 연결하고 삶을 지탱하는 보수주의. 21세기의 보수주의는 이와 같은 것이길 바란다.

이 책은 보수주의에 관한 개설서이다. 이와 비슷한 책은 많다. 러셀 커크의 『보수주의 정신』과 로버트 니스벳의 『보수주의─꿈과 현실』, 또는 카를 만하임의 『보수주의적 사고』 등이 금방 머리에 떠오른다. 일본에서도 훌륭한 저작이 적지 않다.

그럼에도 불구하고 왜 옥상가옥(屋上架屋)하듯 새롭게 보수주의에 관한 책을 썼는가. 이 책만의 특징과 장점이 있는가. 이와 같은 의문이 생긴다 해도 이상할 것 하나 없다.

감히 이 책의 특징을 써본다면 비슷한 책 대부분이 보수주의자라고 스스로 칭하는 저자들에 의해 써진 데 비해 이 책의 저자는 반드시 스스로를 보수주의자로 생각하지 않는다는 점이 아닐까.

보수주의자가 쓴 책이 종종 보수주의에 관한 해설을 넘어서 자신의 입장을 정당화하려는 시도로 보이는 데 비해 이 책은 그런 의도를 전혀 가지지 않는다. 단지 긍정하든 부정하든 보수주의에 관해 역사적으로 이해하는 것이 더욱 중요해지고 있다고 생각할 뿐이다.

다른 한편 이 책은 보수주의를 비판하고자 하지 않는다. 즉 보수주의를 넘어서야 할 사상, 또는 극복해야 할 병리라고 생각해 그 발생과 현상 그리고 이후의 대응을 검토하는 것을 과제로 삼지도 않는다. 오히려 역사적으로 뒤돌아보면 보수주의 사상에는 오늘날 주의를 기울여야 할 지혜가 다수 포함돼 있다. 또한 이에 제시된 과제들이 아직 충분히 해결되지 않았다는 것을 기꺼이 인정하기도 한다.

즉 이 책은 보수주의자에 의한 자기 사상의 개진도 아닐뿐더러 비판적 입장에서 보수주의를 해명하고자 하지도 않는다. 단지 보수주의 사상에 관해 역사적 결산서를 만드는 것이 저자의 소박한 바람이었다.

그 배경에 있었던 것은 "과거에는 진보주의의 오만함과 방황을 비판해 온 보수주의였으나 지금은 오히려 보수주의의 오만과 방황이 눈에 띄지 않는가"라는 문제의식이었다. 근대라는 시대가 진보주의의 시대이며 그에 따라 진보주의를 비판하는 데 의미가 있었다고 한다면 근대도 반환점을 지난 현재, 오히려 보수주의가 우위를 차지하는 시대가 되었다. 그렇다면 일찍이 보수주의가 진보주의를 신랄히 비판한 것처럼 이번에는 보수주의를 비판적으로 재검토해야 한다. 이 책이 목표로 한 것은 이와 같은 과제이다.

이 경우 검토 대상을 선별함에 있어 특유의 치우침이 있다는 것은 부정할 수 없다. 즉 수많은 보수주의자와 그 사상서에 관해 재고 정리를 행하고 어떤 것은 햇볕을 쬐고 바람을 쐬며, 어느 것은 부분적 보수를 하고, 현대를 살아가는 우리가 알 가치가 있는 보수주의 사고를 골라내고자 하는 의도에서 이 책을 썼다. 그런 의미에서 짙고 옅음의 차이는 존재하지만 검토할 가치가 있다고 저자가 생각한 사상가와 책만을 취급하고 있으며 결코 망라적 해석을 하고자 하는 의도는 없다.

그 예로 이 책에서 검토한 사람들 중에 가장 귀족주의적 색채가 강한—바꿔 말하면 냄새가 강한—T. S. 엘리엇에 관해서도 이 책의 저자는 여전히 읽을 가치가 큰 인물이라고 생각하고 있다. 현대 미국의 보수주의에 관해서도 네오콘에 의한 이라크 전쟁 등 비판해야 할 점이 많지만 그래도 사상적으로 살펴봐야 할 점이 없진 않다.

또한 일본의 보수주의에 관해서도 이토 히로부미 이래의 흐름을 무조건 옹호할 생각은 없다. 오히려 아시아 식민지화 등 비판해야 할 점이 훨씬 많다. 그러나 그 흐름이 근대 일본에 있어 일정 수준의 정치적 달성이었으며 비판하든 긍정하든 한 기축이 되는 전통을 만들었다고 평가하고 있다.

감히 말하자면 역사적으로 뒤돌아볼 때 현대의 이른바 '보수주의'가 과거의 훌륭한 보수주의 사상에 대항할 정도의 수준과 내실을 가지고 있는가. 이 점에 관한 의문이 여전히 남는다는 것이 저자의 소박한 감회다. 오히려 현대에 보수주의의 끝없는 '열화'가 일어나고 있는 것은 아닐까. 그런 위기감에서 이 책은 구상되었다.

과연 이 책의 저자에게 그런 거창한 것을 이야기할 자격이 있는가. 그 판단은 독자들에게 맡겨야 하겠다. 다만 보수주의자를 자처한다면 이 책에 쓰인 것들을 최소한 파악해줬으면 한다. 또 보수주의를 극복하고자 한다면 여기에 제시된 과제에 관해 새로운 시좌를 제시할 필요가 있다.

이 책을 집필하며 기획 단계부터 교정에 이르기까지 주코신쇼 편집부의 시라토 나오토 씨에게 많은 도움을 받았다. 시라토 씨와 많은 시간 이야기를 나눴지만 겨우 숙제를 제출해 한숨 돌리게 되었다. 또 이 책의 일부는 이미 잡지 『주오코론(中央公論)』(2015년 1월호, 「일본의 보수주의 그 '본류'는 어디에 있는가」)에서 발표했다. 그때 여러 지원을 아끼지 않았던 편집부의 요시다 다이사쿠 씨에게도 감사의 인사를 전한다.

2016년 계속되는 자연재해로부터의 부흥을 바라며
우노 시게키

Karl Mannheim, *Das Konservative Denken* (1927)
カール・マンハイム,『保守主義的思考』, 森博譯, ちくま學藝文庫, 一九九七年

Robert Nisbet, *Conservatism: Dream and Reality* (1986)
ロバート・ニスベット,『保守主義—夢と現實』, 富澤克・谷川昌幸譯, 昭和堂,
一九九〇年

서장

Anthony Giddens, *The Consequences of Modernity* (1990)
アンソニー・ギデンズ,『近代とはいかなる時代か？—モダニティの歸結』, 松尾
精文・小幡正敏譯, 而立書房, 一九九三年

Anthony Giddens, *Beyond Left and Right – the Future of Radical Politics* (1994)
アンソニー・ギデンズ,『左派右派を超えて—ラディカルな政治の未來像』, 松尾
精文・小幡正敏譯, 而立書房, 二〇〇二年

제1장

Jesse Norman, *Edmund Burke: The Visionary who Invented Modern Politics*, William
Collins, 2014

桑島秀樹,『崇高の美學』, 講談社選書メチエ, 二〇〇八年

川北稔編,『イギリス史』, 山川出版社, 一九九八年

Edmund Burke, *Reflections on the Revolution in France* (1790)
エドマンド・バーク,『フランス革命の省察』, 半澤孝麿譯, みすず書房, 一九九七年
(에드먼드 버크,『프랑스 혁명에 관한 성찰』, 이태숙 옮김, 한길사, 2017년)

Edmund Burke, *Thoughts on the Cause of the Present Discontents* (1770)
Edmund Burke, *A Philosophical Enquiry into the Origin of Our Ideas of the Sublime and Beautiful* (1757)
エドマンド・バーク,『著作集1 現代の不満の原因・崇高と美の観念の起源』, 中野好之譯, みすず書房, 一九七三年
(에드먼드 버크,『숭고와 미의 근원을 찾아서』, 김혜련 옮김, 한길사, 2010년)

Edmund Burke, On American Taxation (1774)
Edmund Burke, Conciliation with the Colonies (1775)
Edmund Burke, A Letter to the Sheriffs of Bristol (1777)
エドマンド・バーク,『著作集2 アメリカ論・ブリストル演説』, 中野好之譯, みすず書房, 一九七三年

苅谷千尋,「エドマンド・バークの帝国論―自由と帝國のジレンマ」, 日本イギリス哲學會,『イギリス哲學研究第36号』, 二〇一三年

제2장

會田弘繼,『追跡・アメリカの思想家たち』, 新潮選書, 二〇〇八年

T. S. Eliot, Tradition and the Individual Talent (1919)
T・S・エリオット,「伝統と個人の才能」,『文藝批評論』(改譯版), 矢本貞幹譯, 岩波文庫, 一九六二年

G. K. Chesterton, *Orthodoxy* (1908)
G・K・チェスタトン,『正統とは何か』, 行在徹雄譯, 春秋社, 二〇〇九年

(G. K. 체스터턴, 『정통』, 홍병룡 옮김, 아바서원, 2016년)

T. S. Eliot, *Notes Towards the Definition of Culture* (1948)
T・S・エリオット, 『文化の定義のための覺書』, 照屋佳男・池田雅之譯, 中公クラシック, 二〇一三年

『深瀨基寬集 第二巻』, 唐木順三編, 筑摩書房, 一九九八年

Friedrich Hayek, Why I Am Not a Conservative (1960)
フリードリヒ・ハイエク, 「なぜわたくしは保守主義者ではないのか」, 氣賀健三・古賀勝次郎譯, 『ハイエク全集I─7自由の條件[III]』, 春秋社, 一九八七年

仲正昌樹, 『いまこそハイエクに學べ─「戰略」としての思想史』, 春秋社, 二〇一一年

Friedrich Hayek, *The Road to Serfdom* (1944)
フリードリヒ・ハイエク, 『隷屬への道』, 西山千明譯, 『ハイエク全集I─別巻』, 春秋社, 一九九二年
(프리드리히 하이에크, 『노예의 길』, 김이석 옮김, 나남, 2006년)

Michael Oakeshott, On Being Conservative (1956)
マイケル・オークショット, 「保守的であること」, 石山文彦譯, 『政治における合理主義』(增補版), 勁草書房, 二〇一三年

Michael Oakeshott, The Voice of Poetry in the Conversation of Mankind (1959)
マイケル・オークショット, 「人類の会話における詩の言葉」, 田島正樹譯, 『政治における合理主義』(增補版), 勁草書房, 二〇一三年

中金聰, 『オークショットの政治哲學』, 早稲田大學出版部, 一九九五年

井上達夫, 『共生の作法─會話としての正義』, 創文社, 一九八六年

西部邁, 『思想の英雄たち─保守の源流をたずねて』, 文藝春秋, 一九九六年

Michael Oakeshott, Political Education (1951)
マイケル・オークショット, 「政治教育」田島正樹譯, 『政治における合理主義』(增

補版), 勁草書房, 二〇一三年

Michael Oakeshott, *The Moral Life in the Writings of Thomas Hobbes* (1960)
マイケル・オークショット, 『市民状態とは何か』, 野田裕久譯, 木鐸社, 一九九三年

제3장

Louis Hartz, *The Liberal Tradition in America* (1955)
ルイス・ハーツ, 『アメリカ自由主義の伝統』, 有賀貞譯, 講談社學術文庫,
一九九四年

Daniel Bell, *The New American Right* (1955)
ダニエル・ベル編, 『保守と反動―現代アメリカの右翼』, 斎藤眞・泉昌一譯, み
すず書房, 1958年

Russell Kurk, *The Conservative Mind*, Regnery Publishing, 1953

Richard M. Weaver, *Ideas Have Consequences*, University of Chicago Press, 1948

佐々木毅, 『現代アメリカの保守主義』, 岩波同時代ライブラリー, 一九九三年

佐々木毅, 『アメリカの保守とリベラル』, 講談社學術文庫, 一九九三年

中岡望, 『アメリカ保守革命』, 中公新書ラクレ, 二〇〇四年

堀内一史, 『アメリカと宗教―保守化と政治化のゆくえ』, 中公新書, 二〇一〇年

Richard Hofstadter, *Anti-intellectualism in American Life* (1963)
リチャード・ホーフスタッター, 『アメリカの反知性主義』, 田村哲夫譯, みすず
書房, 二〇〇三年

森本あんり, 『反知性主義―アメリカが生んだ「熱病」の正體』, 新潮選書,
二〇一五年

David Halberstam, *The Best and the Brightest* (1972)
デイヴィッド・ハルバースタム, 『ベスト&ブライテスト』, 浅野輔譯, サイマル

出版會, 一九八三年

Milton Friedman with Rose Friedman, *Free to Choose: A Personal Statement* (1980)
ミルトン&ローズ・フリードマン, 『選擇の自由―自立社會への挑戰』(新装版), 西山千明譯, 日本經濟新聞出版社, 二〇一二年

Robert Nozick, *Anarchy, State, and Utopia* (1974)
ロバート・ノージック, 『アナーキー・國家・ユートピア』, 嶋津格譯, 木鐸社, 一九九二年

藤本一美・末次俊之, 『ティーパーティー運動―現代米國政治分析』, 東信堂, 二〇一一年

矢澤修次郎, 『アメリカ知識人の思想』, 東京大學出版會, 一九九六年

中山俊宏, 『アメリカン・イデオロギー』, 勁草書房, 二〇一三年

西川賢, 『分極化するアメリカとその起源―共和黨中道路線の盛衰』, 千倉書房, 二〇一五年

Jürgen Habermas and Joseph Ratzinger, *The Dialectics of Secularization* (2007)
ユルゲン・ハーバーマス, ヨーゼフ・ラッツィンガー, 『ポスト世俗化時代の哲學と宗教』, 三島憲一譯, 岩波書店, 二〇〇七年
(위르겐 하버마스, 요제프 라칭거, 『대화―하버마스 대 라칭거 추기경』, 윤종석 옮김, 새물결, 2009년)

제4장

François Huguenin, *Histoire intellectuelle des droites:Le conservatisme impossible*, 2013

丸山眞男, 「反動の概念」, 『丸山眞男集』第七卷, 岩波書店, 一九九六年

丸山眞男, 『日本の思想』, 岩波新書, 一九六一年
(마루야마 마사오, 『일본의 사상』, 김석근 옮김, 한길사, 2012년)

福田恆存,「私の保守主義觀」, 濱崎洋介編,『保守とは何か』, 文春學藝ライブラリー, 二〇一三年

福田恆存,「絶対者の役割」, 濱崎洋介編,『保守とは何か』, 文春學藝ライブラリー, 二〇一三年

福田恆存,「進歩主義の自己欺瞞」,『福田恆存全集』第五卷, 文藝春秋, 一九八七年

藤田省三,『異端論斷章』(藤田省三著作集 10), みすず書房, 一九九七年

石田雄,『丸山眞男との對話』, みすず書房, 二〇〇五年

橋川文三,「日本保守主義の體驗と思想」, 中島岳志編,『橋川文三セレクション』, 岩波現代文庫, 二〇一一年

指原安三編,『明治政史』第八册, 冨山房, 一八九三年

鳥尾得庵,「臣の友垣」,『得庵全書』, 鳥尾光, 一九一一年

橋川文三,「保守主義と轉向」, 中島岳志編,『橋川文三セレクション』, 岩波現代文庫, 二〇一一年

瀧井一博,『伊藤博文—知の政治家』, 中公新書, 二〇一〇年

瀧井一博編,『伊藤博文演説集』, 講談社學術文庫, 二〇一一年

萩原延壽,『陸奥宗光』, 朝日新聞社, 一九九七年

岡崎久彦,『陸奥宗光とその時代』上・下卷, PHP研究所, 一九八七年

久野收, 鶴見俊輔, 藤田省三,『戦後日本の思想』, 岩波現代文庫, 二〇一〇年

高坂正堯,『首相吉田茂』, 中央公論社, 一九六八年

宇野重規,「鈍牛・哲人宰相と知識人たち—大平總理の政策研究會を巡って」,『アステイオン』81号, サントリー文化財団, 二〇一四年 一一月, 一七二〜一八三頁

中北浩爾,『自民黨政治の變容』, NHKブックス, 二〇一四年

종장

Jonathan Haidt, *The Righteous Mind: Why Good People Are Divided by Politics and Religion* (2012)

ジョナサン・ハイト,『社會はなぜ左と右にわかれるのか』, 高橋洋譯, 紀伊國屋書店, 二〇一四年

(조너선 하이트,『바른 마음: 나의 옳음과 그들의 옳음은 왜 다른가』, 왕수민 옮김, 웅진지식하우스, 2014년)

Joseph Heath, *Enlightenment 2.0: Restoring Sanity to Our Politics, Our Economy, and Our Lives* (2014)

ジョセフ・ヒース,『啓蒙思想2.0』, 栗原百代譯, NTT出版, 二〇一四年

(조지프 히스,『계몽사상 2.0—감정의 정치를 어떻게 바꿀 것인가』, 김승진 옮김, 이마, 2017년)